中国古籍巨著

徐 潜／主 编

吉林文史出版社

图书在版编目（CIP）数据

中国古籍巨著／徐潜主编．——长春：吉林文史出版
社，2013.4（2023.7重印）
ISBN 978-7-5472-1537-1

Ⅰ.①中… Ⅱ.①徐… Ⅲ.①古籍-中国-通俗
读物 Ⅳ.①G256.1-49

中国版本图书馆CIP数据核字（2013）第063840号

中国古籍巨著
ZHONGGUO GUJI JUZHU

主　　编	徐　潜
副 主 编	张　克　崔博华
责任编辑	张雅婷
装帧设计	映象视觉
出版发行	吉林文史出版社有限责任公司
地　　址	长春市福祉大路5788号
印　　刷	三河市燕春印务有限公司
版　　次	2013年4月第1版
印　　次	2023年7月第4次印刷
开　　本	720mm×1000mm　1/16
印　　张	12
字　　数	250千
书　　号	ISBN 978-7-5472-1537-1
定　　价	45.00元

序　言

　　民族的复兴离不开文化的繁荣,文化的繁荣离不开对既有文化传统的继承和普及。这套《中国文化知识文库》就是基于对中国文化传统的继承和普及而策划的。我们想通过这套图书把具有悠久历史和灿烂辉煌的中国文化展示出来,让具有初中以上文化水平的读者能够全面深入地了解中国的历史和文化,为我们今天振兴民族文化,创新当代文明树立自信心和责任感。

　　其实,中国文化与世界其他各民族的文化一样,都是一个庞大而复杂的"综合体",是一种长期积淀的文明结晶。就像手心和手背一样,我们今天想要的和不想要的都交融在一起。我们想通过这套书,把那些文化中的闪光点凸现出来,为今天的社会主义精神文明建设提供有价值的营养。做好对传统文化的扬弃是每一个发展中的民族首先要正视的一个课题,我们希望这套文库能在这方面有所作为。

　　在这套以知识点为话题的图书中,我们力争做到图文并茂,介绍全面,语言通俗,雅俗共赏。让它可读、可赏、可藏、可赠。吉林文史出版社做书的准则是"使人崇高,使人聪明",这也是我们做这套书所遵循的。做得不足之处,也请读者批评指正。

编　者

2012 年 12 月

目　录

中国古代最大的百科全书
——《永乐大典》

　　《永乐大典》最初成书时，名为《文献集成》，是明朝永乐元年（1403年）七月，明成祖朱棣命谢缙、姚广孝、王景、邹辑等人编撰的大型类书，后改名《永乐大典》。全书目录60卷，正文22877卷，装成11095册，约3.7亿字，这一古代文化宝库汇集了古今图书七八千种，上自先秦，下达明初，真可以说是包罗万象，是中国历史上最大的一部百科全书。

一、《永乐大典》内容简介

《永乐大典》最初成书时，名为《文献大成》，是明朝永乐元年（1403年）七月，明成祖朱棣命解缙、姚广孝、王景、邹辑等人编纂的大型类书，后改名

中国古籍巨著

为《永乐大典》。全书目录六十卷，正文二万二千八百七十七卷，分装成一万一千零九十五册，近四亿字。《永乐大典》收录古代重要典籍有七八千种之多，上自先秦，下达明初，这在当时真可以说是"包括宇宙之广大，统会古今之异同"。宋元以前的佚文秘典，多得藉以保存流传。收录的内容包括：经、史、子、集、释庄、道经、戏剧、平话、工技、农艺、医卜、文学等。所辑录书籍，一字不易，悉照原著整部、整篇或整段分别编入，这就更加提高了保存资料的文献价值。全书体例"用韵以统字，用字以系事"，检索非常方便。该书编成后，即珍藏

在南京的文渊阁。永乐迁都后，又移至北京，深藏在故宫内的文楼(即宏义阁)里。嘉靖四十一年(1562年)八月，誊写副本一部。从此，《永乐大典》才具有正副两部，分别珍藏在文渊阁和皇史宬两处。全书举凡天文、地理、人伦、国统、道德、政治制度、名物、奇闻异见以及日、月、星、雨、风、云、霜、露和山海、江河等均随字收载，大凡经史子集与道释、医卜杂家之书均予收辑，并加以汇聚群分，甚为详备。它保存了明代以前大量的哲学、历史、地理、语言、文学、艺术、宗教、科学技术等方面丰富而可贵的资料，是中国历史上最大的一部百科全书，它比著名的《不列颠百科全书》成书年代早了三百多年。

《永乐大典》内容还包括诗文、戏曲、僧、道、医药、工艺等方方面面。另外，还收录了许多后世已经残缺或佚失的珍贵书籍，如《薛仁贵征辽事略》、宋本《水经注》等，其所征引的材料，都是完整地抄录原文，因而许多宝贵的

文献能保存其原貌，人们称《永乐大典》为"辑佚明初以前珍本秘籍的宝库"。

　　《永乐大典》的编排方式非常科学，有点类似于今天字典的拼音检字法，只是当时依据的是明朝的《洪武正韵》。其体例是"用韵以统字，用字以系事"，也就是说，每个韵目下有很多单字，每个单字下分列与之相关的天文、地理、人事、名物以及诗文词曲等各方面的内容。《永乐大典》不仅篇幅巨大，收集广泛，而且缮写工整，书中的文字全部用毛笔以楷书写成，每半页八行，大字占一行，小字抄成双行，每行28个字；《永乐大典》中还有许多精致的插图，山川地形都以白描手法绘制图形，形态逼真。书为硬裱书面，由粗黄布包裹，典雅庄重，被中外专家学者誉为"有史以来世界上罕见的珍品"。

中国古代最大的百科全书——《永乐大典》

二、《永乐大典》成书经过

早在明太祖（朱元璋）洪武二十一年（1388年），新中举的进士解缙发现朱元璋很喜欢看我国古代的《说苑》《韵府群玉》一类的类书。因为这些古代类书中存在一些问题，他便向朱元璋请示，想编一本新的类书。朱元璋很欣赏解缙及其想法，但因为身体等原因，此事被耽搁下来。

到了永乐元年（1403年）明成祖（朱棣）即位时，重编一部类书的想法又被提到日程上来。为什么朱棣登基不久就马上提议修一部大型类书呢？因为朱元璋死后，朱棣是以"靖难"之名赶走了当时已先他即位的建文帝，改年号为"永乐"。此举在当时多少有些大逆不道之嫌，所以，为了笼络人心，消除那些士大夫的不满情绪，炫耀自己的"文治"，朱棣想出了修书这个办法。

当时，朱棣对解缙等大臣说："天下古今事物散载诸书，篇帙浩穰，不易检阅。朕欲悉采各书所载事物聚之，而统之以韵，庶几考索之便，如探囊取物尔。尝观《韵府》《回溪》二书，事虽有统，而采摘不广，记载太略。尔等其如朕意，凡书契以来，经史子集百家之书，至於天文、地志、阴阳、医卜、僧道、技艺之言，备辑为一书，无厌浩繁。"

这段话的意思就是，天下的知识散落在各种书中，我查找起来太不方便了，所以我愿意看类书。但是前人编的类书太简单了，而且涉及的事物范围不够广。现在我命你们编一部大型的类书，内容要包括经史子集，天上地下无所不包。

解缙等人领命后，先组织了一百四十七人，按照《洪武正韵》的韵目，将各种资料抄入书中。第二年的十一月，就编完了全书，名为《文献大成》。但是，朱棣看了之后不满意，认为这本类书仍然过于简单，不是他理想中的样子，于是又命人重修。

1405年，重修工作开始。这次参与编写的人更多了，有将近三千人，每人各司其职。而且此次修纂，制定了统一的编写体例，全书依照《洪武正韵》的韵目，采用了"用韵以统字，用字以系事"的编辑方法，将我国自秦朝开始的书籍中的有关资料整段整篇整部地抄入。据不完全统计，当时收入的图书包括经、史、子、集、释藏、道经、北剧、南戏、平话、工技、农艺、医学等七八千种。永乐五年（1407年），《永乐大典》定稿完成。这次，朱棣看完后非常满意，并亲自为《大典》写序，赞扬《大典》是"上自古初，迄于当世，旁搜博采，汇聚群书，著为奥典"，正式定名为《永乐大典》。此后，向全国各地征集了大批抄书人，至1408年冬，《永乐大典》全书抄写完毕。

三、《永乐大典》主要编写人员

　　《永乐大典》的编写，从永乐元年（1403年）算起，到永乐五年（1407年）定稿，只有短短五年时间。如果从永乐三年（1405年）重修算起，则更

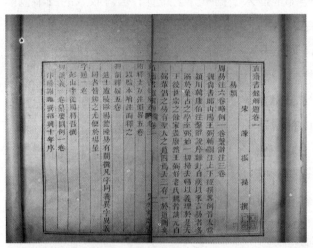

短，只有三年。这么一部有着近四亿字的煌煌巨制，在这么短的时间内能够完成，可见其速度之快。其主要的编书过程和其中的详情，有据可查的历史资料不多，后世无从知晓，只有某些零星的、散落在典籍中的记载能为后世勾勒出当时的编纂盛况。

　　这么浩大的一部作品，又前后编纂过两次，参与编写的人一定是非常之多，那就需要良好的组织和细致的分工。尤其是在决定重修之后，当时面临的最主要的问题是扩大收书范围，就是如何把"经史子集与道释医卜杂家之书"全都包罗在这一部大型类书里面，所以，编纂机构的组织首先要满足这个需要。

　　编写《永乐大典》的组织机构，总负责人被称为监修，职责是负责《永乐大典》编写的全部工作。当时的监修有三位，资善大夫、太子少师姚广孝，礼部尚书郑赐，侍读解缙。因为监修的工作比较多，还给配了三名副手，称为副监修，也有三人，分别为刑部侍郎刘季篪、翰林院修撰兼右春坊右赞善梁潜、通政司右通政李至刚。监修以下设有都总裁、总裁、副总裁，其次为纂修、编写人、缮录及圈点生等。这是编书的整个编纂机构。都总裁由陈济担任，他专门负责监修与总裁、副总裁之间的调节和沟通。副总裁除负责总的计划工作外，还要具体负责一个部门的实际任务：领导几名编写人，专门搜集和加工本部门需要整理的图书资料。在副总裁中，林环兼《书经》副总裁，王彦文兼《诗经》副总裁，高得旸兼《三礼》副总裁，蒋用文、赵友同兼医经方副总裁，释道联

中国古籍巨著

兼释教副总裁。根据有关资料显示，之所以选择这些人担任这样的职务，是充分考虑了他们的个人专长，也就是说做到了择优而用。如果一名副总裁负责的那个部门需要整理的图书范围太大，那副总裁会把手下人再分成几个小组，这些人员会按照自己的分工搜集资料。搜集完资料后，编写人会把这些资料按照韵目编排起来，再由专门的校对人员负责核实，最后就是缮写工作了。各部门都按照这个模式工作，有条不紊，各司其职。此外，在各部门之外，还设有"催纂"一职，共五人，这五个人的工作就是监督各部门编写人员的工作进度，保证没有人消极怠工。如此看来，《永乐大典》的整个编纂机构虽然庞大但并不混乱，人员众多却分工细致。正是这样一个组织严密、分工细致的机构，才保证了整个编纂工作的顺利开展。

编写《永乐大典》的最高负责人监修姚广孝、郑赐、解缙三人，不像当时很多达官贵人修书时只是挂个虚名，而是亲力亲为，从讨论《大典》的体例开始直到定稿完成，做了很多实际的工作。

姚广孝，自幼就出家为僧，僧名道衍。他从小就喜欢读诗作诗，而且擅长阴阳术数之学。解缙也是满腹才华，年纪轻轻就考取了进士。而且更为可贵的是，修纂一部类书也是他一直以来的一个心愿。在修《大典》之前，他曾参与修撰《太祖实录》《列女传》等书。也正因此，在修纂《永乐大典》时，他"刊定凡例，删述去取，并包古今，搜罗隐括，纤悉靡遗"的指导思想，对《永乐大典》的修纂起了明确的指导作用。

除了这几名监修，副监修、总裁、副总裁中也有一大批博学之人。总裁胡俨，从小就极为好学，兴趣爱好非常广泛，博览群书，对天文、地理、律历、医卜等方面的典籍都有深入研究。副总裁曾棨，最大的特点是学识渊博，明成祖听说后，曾摘录各种书上的冷僻怪题逸事来考曾棨，曾棨都能回答上来。另外，因为副总裁除了要参与研究《永乐大典》总的体例外，还要担任一个部门的实际工作，要专门负责一个大类别的编书工作，所以分配工作时，一定要结合一些人的专长，知人善任。例

如，当时对礼学颇有研究的高得旸担任三礼副总裁，专门派人整理《大典》中的关于"三礼"的条条目目，"分掌三礼，编摩有方"。又如王彦文，他对《诗经》颇有研究，还著有《诗经旁通》一书，所以就由他来担任《诗经》的副总裁，也是人尽其用。还有医经副总裁蒋用文、赵同友，他们本身就是太医院的御医，做这个职务再恰当不过了。还有，释教副总裁是高僧释道联，无疑都是极为合适的人选。

在编书人选上，《永乐大典》还有一点不得不提。《永乐大典》可谓一部前无古人的百科全书，涉及的范围极广，所以当时发动了全国的力量来编这部书，即从民间寻找各种学科的专业人才。为此，在永乐三年和四年，全国发起了两次大规模的民间征召工作。由在朝的官吏或地方的官吏荐举当地的能人，通过考核之后，予以录用。这些被征召上来的民间优秀人才，大部分是地方府、县的训导教谕，有的只是布衣诸生，他们虽然来自民间，却各个学识渊博，才华横溢。监修姚广孝等人，更是识人用人的高手，对于各路人才，都能突破常规，破格任用。如都总裁陈济就是以布衣身份被征召来担任都总裁一职的。而事实证明，陈济没有辜负姚广孝等人对他的委以重任，他不仅与姚广孝、解缙等人把《大典》的体例制定得科学有序，十分得体，而且编书人员在工作中有什么疑难问题，他都能"应口辨析无滞"，所以没有人不佩服他的渊博，因此，他对《大典》的修纂做出了很大的贡献。还有，永乐三年征召上来的滕用亨，当时已年近古稀，但其思维之敏捷、学问之深厚，令人赞叹。尤其他还精通"六书之学"。明成祖听说此人之后，曾召见面试篆书，他写下了"麟凤龟龙"四个大字，又写了"祯符"诗三首，让明成祖赞不绝口。又如对民间文学研究颇深的李昌祺，擅长阴阳之术的裴仕杰，精通星历和数学的薛富，以医道著称的沈永、江奚修，对佛学释藏造诣很深的高僧释壁庵、释惟寅、慧悚等人，他们都在修纂《大典》中发挥了自己的专长。

永乐五年，《大典》定稿。因为原稿比较乱，因此又征召了一批缮写人员和画师，进行清抄。这批人中，有不少技艺高超者，例如一些书法家擅长篆隶楷草，一些艺术家擅长绘画，他们的努力也为《永乐大典》增色不少。

可以这样说，为了编纂《永乐大典》，全国方方面面的优秀人才都被集中到了一起，当时甚至有人用"天下文艺之英，济济乎咸集于京师"来形容这种盛况，所以说《永乐大典》是集体智慧和力量的结晶。

当然，为了保证这些编书人没有后顾之忧、集中全部精力编书，提高他们的工作积极性，朝廷在工作上、生活上也为他们提供了不少优越条件。例如，明成祖允许这些编书人员到皇家图书馆阅读图书，使他们能够"尽读禁中之书""学识益进"。为了便于编书，把他们的住所安排在离编书地点文渊阁不远的崇里坊等地。另外，他们的伙食由光禄寺负责，每餐有酒有饭有水果，晚餐之后还允许这些人散步休息。为了编纂工作夜以继日地进行，朝廷给他们发放一定的补贴。这种种举措无疑保证了修纂工作的顺利进行。

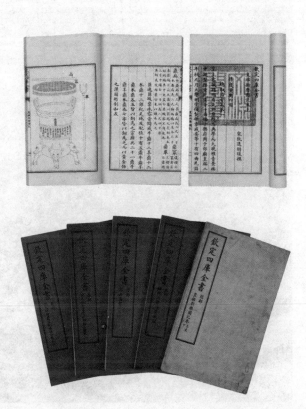

四、《永乐大典》的编纂特色

　　《永乐大典》与以前各朝各代编纂的各种类书相比，有三个特点非常突出。

　　第一，在编纂方法上采用按韵与分类相结合的方法。我国古代类书的编纂方法有按类编的，也有按韵编的，也有以分字方法来编纂的。一般官修的大型类书，多是按照分类编纂的。像《太平御览》，它分五十五部，部下又分五千四百二十六类。宋代另一部大型类书《册府元龟》，分三十一部、一千一百零四门。这种分类方法，有一个弊端，就是由于给事物分的类别太多太细，因此往往容易把同一条资料拆散；另一方面，有时也会造成同一条资料在不同的类目下重复出现，给编制体例带来混乱。而且，如果检索的人对事物的分类不熟悉，查找起来就很困难。

　　《永乐大典》改变了此前的体例，结合了按韵和分类两种体例：用韵以统字，用字以系事。这是一种全新的编纂方法，也就是依照《洪武正韵》的韵目，在每个韵下列出单字，在每个单字下详细标注该字音韵、训释和它的篆、隶、楷、草等各种书体，再依次把有关天文、地理、人事、名物，甚至种种奇文异见、诗文词曲等随字收载。明成祖称赞这种编辑方法是"揭其纲而目毕张，振其始而末具举"。检索的人只要按照韵找字，根据字找要查的事物，就可以找到自己需要的材料，非常方便。

　　其次，《永乐大典》中收集的各类典籍之多，也是其他类书不能比的。唐代的《艺文类聚》，收书一千四百三十一种，宋代的《太平御览》比《艺文类聚》收书更多，但也只收了一千六百九十种。《永乐大典》收书可谓海量，有七八千种之多，相

当于以前大型类书的五六倍。

在所收集的典籍的内容上，《永乐大典》也是以"多而全"著称的。根据我国的传统，《永乐大典》之前编修的类书在内容上都偏重儒家经典、史传文集，但《永乐大典》打破了这个传统，它收辑的典籍范围大、内容杂，极为广博。时间上，上自唐虞，下至明初;内容上，即使在当时还极不为人重视的天文地理、阴阳医卜、僧道技艺等等都涵盖在内，称得上是包罗古今，无所不有。

从当时修纂《大典》所用图书情况来看，也可以了解到这一点。修纂《永乐大典》时，动用了当时皇家图书馆—文渊阁里的全部藏书。这还不算，苏敬叔等人，还被派到各地去专门采购图书。明成祖对这个问题也很关注，曾经问副总裁郑赐、解缙等人文渊阁的书够不够。当时解缙回答说："经史两部大体齐备，子部阙略较多。"意思就是说，经部、史部的书比较多，但子部的就太缺了。听了这话，明成祖说："一般读书人只要有余钱，都要买书，更何况朝廷，怎么可以没有图书呢?"于是，他马上命人到全国各地收购遗书秘籍，并且交代，不管多贵的书，只要有用统统买下，这样大概就可以买到奇书了。例如，当时一名叫柴钦的编书人，说他的老师赵谦写了一本叫《声音文字通》的书，应当采录。明成祖马上派人到浙江余姚赵家，把这本书取来。也正是得益于明成祖的重视和政策，准备了大量的图书供编书人员选择，才使得《大典》有了那样宏大的样貌，超过了以往的任何类书。

第三，《永乐大典》在装帧上也独具特色。《永乐大典》全书所用纸张皆为上等白宣纸，上面印着朱丝栏，每半页八行，大字占一行，小字抄成双行，每行二十八个字，用极为端正的楷书抄写，墨色黝黑，微发古香。另外，《大典》里还配有插图，像一些物品、山川地形等，都配有图画。这些图画，全部

中国古籍巨著

用白描的手法绘成，形态逼真典雅，都是古代书籍插图中的上品。另外，凡是引用了书名的地方或是圈点，全部用红笔标注，让人一目了然。版心也是朱色的，上鱼尾内标有"永乐大典卷××"，下鱼尾内标记着每卷的页码。每册高一尺五寸六分，宽九寸三分。封面用硬裱，用粗黄布包裹，看起来格外庄重朴实。每册三十页至五十余页不等，有的一卷一册，亦有二卷或三卷一册，以二卷一册者居多。每册的外封上，左上部有一长方框，框内写着"永乐大典"四字，下面用双行小字注明卷几至卷几。右上角有一个小方格，里面写着该册所属的韵目，再下一行注明这一册是该韵目的第几册。这样的装帧方式，大大方便了人们检索。

《永乐大典》不仅是我国最大的百科全书，而且其书籍本身也是一件珍贵的历史文物。

当然，《永乐大典》也不是没有缺点的。因为当时急于成书，而且参与编写的人又多，难以保证每个人都理解了编书要求，所以体例不同、前后不一、自相矛盾的地方也是不少的。例如，按照《大典》的编纂体例"用韵以统事，用字以系事"的原则，《窃愤录》应隶属于"窃"，《灌顶经》应隶属于"灌"，可是前者竟错隶属于"录"，后者又误隶属于"顶"，所以全文被割裂开，首尾接不上了。这也是《四库全书提要》为什么批评《永乐大典》"割裂庞杂，漫无条理"。另外，《永乐大典》中也有把篇名错当成书名及作者写错的情况。尽管有种种问题，但由于《大典》收录的典籍都是"未尝擅减片语"的，就是原书照录的方法，一字不动，这就使得一大批古籍在《大典》里得以保存，这也是该书最大的优点之一。

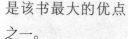

五、《永乐大典》的重录

　　《永乐大典》有两个版本，一个是"正本"，就是永乐年间的版本，也叫做"永乐抄本"。还有一个版本，是此后的嘉靖年间人们按照正本重录的，一般人称重录本为"嘉靖抄本"或"副本"。

　　说起《永乐大典》副本，不得不提一个人，就是嘉靖皇帝。据史书记载，《永乐大典》正本虽然成就巨大，但似乎明朝各代帝王中查阅过《永乐大典》的人很少，但明世宗嘉靖皇帝却是一个例外。

　　嘉靖皇帝1521年继位，在明朝的历史上并不是一个光彩的角色，他在位的四十五年里，朝政可谓昏庸至极。然而，就是这样一个皇帝，对《永乐大典》却有着不一般的兴趣，经常把几册《永乐大典》放在桌上，以便随时翻阅。

　　因为过于喜爱，嘉靖皇帝继位后就产生了一个想法，将《永乐大典》重录，用作保存。他多次把这个想法和大学士徐阶商量，但是因为重录的工程过于浩大，难度也高，因而被搁置下来。想把这么一部大型的书籍完全重录一遍，绝不是一朝一夕的事，需要大量的人力物力财力，这都不是一时能解决的。那么，又是什么原因让嘉靖皇帝下定决心，克服各种困难，重录《永乐大典》呢？

　　重录工作缘于一场大火。据史书记载，嘉靖三十六年（1557年）四月，皇宫里突然发生了一场火灾，火势蔓延。因为起火地点距离当时存放《永乐大典》的文楼比较近，所以《永乐大典》也有被烧毁的危险，情况非常危急。嘉靖皇帝得知此事后，最担心的也是《永乐大典》的安全，他一夜下了三道金牌，令人到文楼里抢救《永乐大典》。还好抢

中国古代最大的百科全书——《永乐大典》

运比较及时，《永乐大典》逃过了这次劫难，没有葬身火海。但此事令嘉靖皇帝心有余悸，终于下定决心克服种种困难，将《永乐大典》重新抄录一部，"两处收藏，以备不虞"。

重录工作于嘉靖四十一年（1562 年）秋开始。负责重录工作的最高领导是总校官。因为重录工作对书写能力要求比较高，所以，当时为了寻找写字好的人，吏部、礼部还主持了"糊名考试"，通过考试选拔出一百零九位缮书人。和修书时一样，当时的朝廷非常看重重录工作，为了保证重录的顺利进行，特别设置了一些服务设施和人员。比如，内府御用监调拨了画匠、纸匠等，顺天府专门提供上等的砚台、水罐、笔墨等，惜薪司供应取暖的木炭，光禄寺负责酒饭，翰林院支付书写人员"月米"，就是工资。为了安全起见，还给重录人员配备了警卫人员。这些都是重录工作得以顺利进行的条件。

《永乐大典》正本精美，为了保证重录的副本不走样，重录特别制定了一些严格的规章制度。规定要求，负责重录的工作人员早上来晚上走，每次领取哪一册《大典》都必须要登记，坚决不允许私自携带《大典》外出雇人代写的行为出现。重录进度，要求每人每日抄写三页，如果写错了，要重新抄写，不论抄写几次，最后只能算一页。如果发现有人乱报工作量或者消极怠工，此人定要受罚。而且，为了保证重录准确，每册《大典》重录完毕后，册后都要注明该册重录总校官是何人、分校官是何人，写书官及圈点人员姓名都要签上，以表明各人职责。正是这样严格的制度，保证了《大典》副本上没有丝毫涂改、挖补、添加的痕迹。

《永乐大典》重录工作整整进行了六年，一直到明穆宗隆庆元年（1567 年）四月才完成。重录后的副本与永乐年间的正本的格式装帧完全一致，被放置在新建的皇史宬。其实，在打算重录时，负责全面重录工作的徐阶认为，《永乐大典》是上万卷的鸿篇巨制，不是一时半会儿就能重录完的，所以他的意思是重抄一部副本就可以了，而且在版式上也可以不仿照原书，只按照经书的

中国古籍巨著

16

尺寸写就行，抄写时的书法也可以随便，不拘一格，不必和原书一模一样。但是，当他翻检《大典》时，想法马上就改变了。因为他发现《永乐大典》正本极其精美，里面有大字有小字，还有各种山川、草木等的插图，如果抄写时版式发生了变化，那落款、图形等等都要变动，反倒不如照原样那么抄写来得方便，于是决定重录本要完全模仿永乐正本，不加任何改变。

《永乐大典》重录之后，就有了两个版本，一般人称重录本为"嘉靖抄本"或"副本"，永乐年间的版本为"永乐抄本"或"正本"。当时，正本大概仍安放在文渊阁，副本贮藏在新建的皇史宬（明清两朝的皇家档案馆）。

提到《永乐大典》的重录，有两个问题需要澄清，一是当时到底重录了几部，二是当时正本是否被送回了南京。

《四库全书总目》记载："选礼部儒士程道南等一百人，重录正副二本"，并加注"事见《明实录》"。从这句话来看，有人提出似乎当时重录了两本。但是，后来经查对《世宗实录》，上面只是说"上意欲重录一部"，就是说皇上想重录一部，并没有说重录两部，因此《总目》上写的"二本"，意思应该是正本一本，加上副本，一共是两本。这是证据一。另外，根据当时重录时每人每日三页的抄写速度计算，估计到隆庆元年重录结束时可以抄完一万一千八百本，这与《大典》的实际数目一万一千零九十五本，相差无几。由此也可以判断，当时只重录了一部。所以，重录两部之说是错误的。

另外，重录之后正本是否被送回了南京？对此，《四库全书总目》上说，《大典》重录完毕后，"仍归原本于南京"，意思是说正本被送回了南京。据考证，早在隆庆元年之前一百一十九年，即明英宗正统十四年（1449 年），南京的文渊阁就已经在一次火灾中被烧毁了，所以正本根本无法送回南京，那这个说法也是不攻自破的。

中国古代最大的百科全书——《永乐大典》

六、《永乐大典》的遗失之谜

《永乐大典》成书时共有二万二千八百七十七卷，装成一万一千零九十五册。但是，目前保存在世界各地的已知的和能见到的《永乐大典》加起来八百

中国古籍巨著

一十卷，不足原书的 4%。也就是说，96%的《永乐大典》不知下落。而且这仅存的 4%还都是副本。前面已经说过，《永乐大典》有两个版本，人们习惯于把永乐年间的第一个版本称为正本，把嘉靖年间的重录本称为副本。目前全世界所能见到的《永乐大典》都有一些共同特征：每本书的书后都注明了当时的重录官员，这说明目前所见的都是明嘉靖副本。那么《永乐大典》是怎么遗失的呢？

据史料记载：明成祖修纂《永乐大典》时，在人力物力财力上都可谓无所不用其极，花费颇大。但前面我们已提到过，这样一部倾尽了无数人心血的作品，明朝各代帝王中查阅过《大典》的却是屈指可数。据记载，只有明孝宗和明世宗两个人喜欢阅读《大典》。因为喜欢，明孝宗还曾经把《大典》里记载的医药秘方告诉太医院的医师，让他们按方医病。明世宗则是经常在桌上放上几册，随时按韵翻阅。这些事都是发生在《大典》重录之前，因此

用的当然是永乐正本。

《大典》重录之后，有关《大典》正本下落的记载就很少了，以至于以讹传讹，变得扑朔迷离，最后弄得真假难辨。明神宗万历年间，南京国子祭酒陆可教曾经建议再刊刻一部，但他当时并没有提及用哪一部本子来刊刻。太史令李维桢说过"其书（指《大典》）冗滥可厌，殊不足观"的话。这里我们姑且不论他对《大典》的看法，单从他的话来看，他应该是见过《大典》的，但他见到的到底是哪个版本，人们就不得而知了。而从二人的话中，因为没有提及

《大典》是残缺不全的，基本可以推断，当时即明万历年间，《大典》还是完整无缺的。

《大典》正本不见了，其消失的具体年份没人知道。到了明末时，就已经有人认为《大典》不存在了。明史专家谈迁在《国榷》中说："万历末，《永乐大典》不存，抑火失之耶？"谈迁的意思是说，万历末年时，《永乐大典》就已经不存于世了，他猜想《大典》可能是毁于火灾了。此外，明末有一个叫刘若愚的宦官，此人非常熟悉宫廷内情，写了本《酌中志》，此书以记述明末宫闱旧闻秘事著称。在此书中，他说："旧《永乐大典》二部，今又见贮于何处也？"对《永乐大典》的藏书地，他也提出了质疑，由此可见，当时此书就已不在宫内。

以上只能说明正本不见了，那正本到哪里去了呢？

其实，时至今日，围绕着《永乐大典》正本下落的是一个又一个的谜，甚至有学者将之称为"中国书籍史上的最大疑案"。下面，我们就把关于正本失踪的种种说法做一下集合，从中我们可能依然找不到最终答案，但每种说法都为《大典》正本的去向提供了一种可能。

关于正本去向的第一种说法，是毁于清乾清宫大火说。清朝末年的学者缪荃孙提出了这种看法。

乾清宫的历史可以追溯到清顺治十二年（1655年），康熙八年有过重修。然而，我们目前所见的乾清宫并不是建成于这个年代，而是在1797年嘉庆二年之后重建的。重建的原因，正是因为嘉庆二年发生的一次大火，这次大火几乎将整个乾清宫彻底毁灭。

那么，《永乐大典》正本是否像缪荃孙所说的那样，在当时藏于乾清宫而且不幸毁于这场大火呢？其他专家给出了不同意见。乾隆九年至四十年间，清政府曾对宫中藏书进行过清理，把当时宫中所有的善本典籍都集中在一起，编

中国古代最大的百科全书——《永乐大典》

成了《天禄琳琅书目》。但在《天禄琳琅书目》里，并没有收入《永乐大典》。试想一下，《永乐大典》有一万多册，假如正本当时藏在乾清宫，是不可能不被发现的。由此可见，当时《大典》正本就已经不在了，所以，毁于大火一说似乎不能成立。

无独有偶，史书中关于乾隆时期曾经大规模查访《永乐大典》的记载似乎也质疑了《永乐大典》正本毁于乾清宫大火的真实性。据记载，乾隆年间编辑《四库全书》时，因为想从《永乐大典》中查找一些资料，当时人们还曾经在宫里宫外查找过《永乐大典》，都没有找到。当时有人怀疑在康熙年间修书时，徐乾学、高士奇等人常在皇史宬翻阅此书，有可能拿回家去查阅未能交回。于是乾隆下令两江总督高晋、浙江巡抚三宝到两家查访。当时他还特别讲明《大典》是官物，即使当年拿去了，只要交出，并不追究，但是，在这两人家里，也是一本也没有找到。

从以上我们也可以推测出，假如当时正本存放在乾清宫，乾隆又何必舍近求远，去江苏、浙江寻查副本呢？所以，此例再次说明此说法不成立。

这样看来，既然正本毁于乾清宫大火的说法站不住脚，那么正本的失踪会不会发生在清朝以前呢？这就带出了关于正本失踪的第二种说法：毁于明亡之际说，说穿了，就是被李自成焚毁了。

崇祯十七年的三月，李自成和他的军队攻占了北京，达到了他人生辉煌的顶峰。可是这种辉煌只维持了短短四十多天，吴三桂、多尔衮的满汉联军便击败了这支由农民组成的军队。4月29日，李自成即位称帝之后便匆匆撤离北京，离开北京之前，他将满腔的怒火发泄到了京城的这些几百年的宫殿和城楼上，下令放火焚烧。在这样一个人人自危的乱世，已经没有人会去顾及一部书的存在和命运。那《永乐大典》正本是否就是在此时无声无息地全部化为灰烬了呢?

据考证,当时的确烧毁了一些书,但并没有证据表明烧的就是《永乐大典》。而且更有力的证据是,比李自成更早的明朝太监刘若愚都不知道《永乐大典》正本存放在哪里,怎么能证明李自成烧的就是《永乐大典》呢?所以,把这种说法当成一种猜测更合理。

尽管众说纷纭、说法不一,但一个不可改变的事实是,几百年来,《永乐大典》正本从未现身过。所有的正史野史也找不到关于正本的准确记载。关于正本的消息再次沉寂下去,似乎要成为人类永恒的谜中之谜。然而,随着一本关于《永乐大典》的书籍《永乐大典索引》的面世,一种关于《永乐大典》正本新的猜测再次进入人们的视野——随嘉靖皇帝陪葬说。

提出这种说法的人,有以下几个理由:

一是嘉靖与《永乐大典》的关系。

嘉靖极其喜欢《永乐大典》,这一点我们不止一次谈到,而《明实录》等大量文献中所记载的史实也指出,《永乐大典》是嘉靖帝爱之珍品。他登基以后,更将其作为必备的参考经典,时常在朝廷上引用。嘉靖三十六年宫中意外失火,嘉靖一夜中下谕三次,要求抢运出《大典》,足见《大典》在他心中的分量。据此,有人提出,嘉靖能不能因为喜爱《大典》,从而在自己死后,要求此书陪葬呢?此为理由一。

理由二是《永乐大典》正本最后的出现时间正是在嘉靖的丧葬期间。

在《明实录》中,关于嘉靖帝下葬和《永乐大典》重录两件事的记载如下:

"嘉靖四十五年(1566年)十二月十四日(庚子),嘉靖帝崩,年六十,在位四十五年。"

"三月十七日(壬申),嘉靖帝入葬永陵。"

"四月十五日(戊戌),隆庆帝赏赐重录《永乐大典》成者。"

从这些数字可以看出:嘉靖皇帝是在死后三

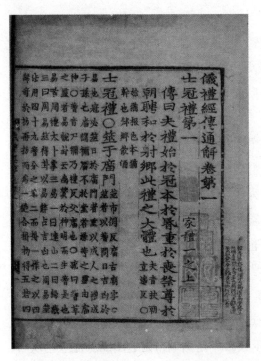

中国古籍巨著

个月才下葬的，此时已经到了隆庆元年三月。而新皇帝表彰抄写人员的日期是在隆庆元年四月，但这是表彰日期，抄录完成日期应该更早。这样看来，嘉靖皇帝下葬的时间和副本重录完成的时间基本一致。那毫无疑问，重录时，正本应是尚在，而此后，正本就没有音信了。这不能不让人有所怀疑。

理由三："两处收藏"是什么意思？

当年对《大典》进行重录时，徐阶曾向嘉靖奏明，重录不可能很快完成，只能"对本抄写"。嘉靖则明确强调，"重录"是为"两处收藏"。当时人们对此话并没做多想，但现在正本消失，人们不免生疑，这"两处收藏"是否暗示着什么呢？

嘉靖的下葬与正本的失踪如此巧合，难道真的是某种巧合吗？中国古代皇帝在修典完成之后，在大肆张扬褒奖有功之臣的同时，必然会记载该书典藏于何处，并会要求史官记载，以彰炳皇恩浩荡。这已是历代皇帝修典的定式。但《永乐大典》的重录却没有这样做，成为仅有的特例。这是为什么？而且《明实录》记载《永乐大典》的部分是《明实录》中少有的长篇大论，可就这一部分，偏偏没有提及《永乐大典》正、副二本分藏在什么地方，似乎是故意回避，这也不免让人对当时正本是否随嘉靖帝陪葬产生怀疑。此为理由三。

理由四：嘉靖对永陵的重视。

历时十二年建成的永陵是十三陵中仅次于长陵的一座皇陵，建于明代国力最强盛的时期。修建永陵时，嘉靖还大规模地对前七陵进行了翻修。嘉靖皇帝修建如此大规模的永陵，是否就是为了在空间上对珍藏《大典》正本做充分的考虑呢？

如果借助现代科技手段，对于总体积达四十立方米这样巨大的物体来说，运用遥感技术结合磁力探测等物理勘探方式是可以勘察出其空间位置的。但是，要确定是否是图书典籍，目前还难以做到，因为纸制品目前还未发现其能够形成专门的信号。从记载来看，《永乐大典》收录的书籍中采用了朱砂等矿物质作书写原料，由于朱砂具有放射性，是可以勘测出来的，但问题是《大典》究竟使用了多少朱砂？所以，就目前的情况来看，这一方法也无法证实《大典》是否在陵中。

所以，无论理由有多少，《永乐大典》正本是否做了嘉靖皇帝的陪葬物，在打开永陵地宫之前，只能是一个推想。

再看副本的失踪。

《永乐大典》副本的遭遇也很凄惨。当时清政府腐败，对书籍的管理跟不上，再加上帝国主义的侵略，都在它身上留下了深深的创痕。

清乾隆时，对《永乐大典》的保存应当说还是比较重视的，有严格的收藏制度。再加上当时《永乐大典》是国家收藏的珍贵古籍，藏于深宫，平民百姓根本没有机会接触，所以专家认为，《大典》副本流失的首要环节在朝廷官员。

这里有一个关于副本流失的小故事。

乾隆三十九年（1774年）六月，《四库全书》的修撰官黄寿龄在家坐立不安。几天前的一个晚上，他和仆人像往常一样走在回家的路上，当走到米市胡同时，黄寿龄突然感到内急，仆人只好放下包袱，两人匆匆忙忙走向偏僻的角落。

让人意想不到的是，两人再次回到原地时，包袱已经不翼而飞。这件事让黄寿龄顿觉天旋地转，因为他清楚包袱里的东西被偷意味着怎样的灾难。作为《四库全书》的修撰官，黄寿龄白天的工作是校阅《永乐大典》，但是这天，他没有按时完成任务便将六册《永乐大典》用包袱裹好，私自带出宫外。谁想竟发生了这样的事。

消息很快传到乾隆皇帝那里。

乾隆皇帝大怒，命人立即在城内大规模搜捕盗贼。可能是由于官府搜得紧，再加上《大典》是宫内之物，书店和纸铺都不敢收购，偷盗者无法脱手，所以，一个月以后，这六册《大典》在御河桥边被人拾到。直到这时，黄寿龄才放下心来，但仍受到了罚俸三年的处分。

经历了此事之后，四库馆吸取教训，严格限制人员带书外出，《大典》丢失的机会自然减少了。

但是，《四库全书》修撰完成之后，对《大典》就缺乏严格的保管制度了，一些官员开始视《永乐大典》为多余之物。尤其是道光之后，《大典》基本被束之高阁，蛛网尘封，虫咬鼠啮，无人过问，一些官员便乘机偷窃。可是每本《永乐大典》相当于现在普通书籍的两倍大小，那么，这些"偷书官"又是用什么方法将《永乐大典》偷出去的呢？

据清人缪荃孙记载，翰林院的一些官员偷书的手段极为巧妙。他们通常选择在冬天进行偷窃，官员早上进入翰林院时，会随身带着一件棉袍，但不穿在身上，这件棉袍打成包袱形状，就如同两本《永乐大典》的大小。当晚上做完一天的工作回家时，一些官员便开始实施偷书的计划了。他们将两本《大典》包入包袱里，却把原本包在包袱里的棉袍穿在身上。这样一来，看守人员见到这些人早上曾带包袱而来，晚上带包袱而去，也就不起疑心了。据记载，光绪年间，翰林侍读文廷式一人就以此法盗走一百多本《永乐大典》。就这样，《大典》副本开始逐渐流散出去。

很快，流散出去的《大典》引起了一些帝国主义分子的注意，他们开始用重金在暗中收购《大典》，每本十两银子。那些清官员见有利可图，便加快了偷书的速度，以致《大典》流失得更多更快。光绪元年（1875 年）重修翰林院衙门时，当时的官员清点《大典》数目，发现《大典》就剩下不到五千册了。到光绪二十年（1894 年）六月，翁同龢曾入翰林院检查，发现《大典》只剩八百册了，流失速度之快，令人触目惊心。

但《永乐大典》副本遭遇的最大厄运，还是来自于帝国主义对中国的两次侵略。

咸丰年间，英法帝国主义为了进一步侵占我国，发动了第二次鸦片战争。咸丰十年（1860年），英法联军侵占了北京，在北京大肆烧杀掳掠，抢夺珍贵文物。当时的清代皇家宫苑—圆明园有"万园之园"之称，也在这次浩劫中被侵略者一把火烧了，化为灰烬。当时翰林院中的许多珍贵典籍，只因侵略者不识其珍贵价值，被任意糟蹋，大多数被烧毁。《四库全书》文渊阁本在这次劫乱中被烧毁。《永乐大典》的命运也是如此。据传，当时英国人抢走的《大典》数目最多，所以后来黄遵宪出使英国时，王颂蔚临别赠诗说："《大典》图书渊，渔猎资来学。岁久渐沦芜，往往山岩伏。颇闻伦敦城，稿尚盈两屋。愿君勤搜访，寄我采遗目。"王颂蔚的意思就是说，伦敦藏有大量的《大典》，"稿尚盈两屋"，希望黄遵宪在英法期间能够找一找，让《大典》回到祖国。

这是一场浩劫。事隔四十年，《永乐大典》再次遭受了一场更为惨重的劫难。

当时的英、美、德、法、俄、日、意、奥八个帝国主义国家，为了镇压义和团运动，阴谋瓜分中国，借口帮助清政府"排外"，联合组成八国侵华联军，于光绪二十六年（1900年）六月入侵北京。当时藏书的翰林院位置就在北京东交民巷，东交民巷与使馆区相接，该地很快沦为战场，存放《永乐大典》的敬一亭也瞬间被毁。据记载，该书的绝大部分被联军放火焚烧了，一些免于火灾者也散落在瓦砾中，遍地都是。有的帝国主义侵略军不识《大典》的价值，竟用《永乐大典》来代替砖块，构筑工事和铺路，甚至做成马槽，肆意糟蹋。而有一些稍微懂得此书价值的侵略者，又乘机抢劫。英国使馆离翰林院最近，可谓"近水楼台"，抢走的《大典》数目最多。英使馆官员翟理斯在《使馆被围日记》中有一段

文字记载了当时的情景，大意是这样的，当硝烟余烬尚未完全熄止的时候，他从翰林院的废墟中拾来一些《永乐大典》，其中卷一三三四五这一册，作为"战利品"，后来交给他父亲收藏。还有一个叫朴笛南姆威尔的，写了一部书叫《庚子使馆被围记》，其中对此段历史记录得更为详尽。他写道，翰林院里的藏书"排积成行""一望无尽""皆前人苦心之文字，均手钞本，凡数千万卷"，这些典籍"有与黄金等价者"，在猛烈的枪声中，有人将火具抛入翰林院，"无价之文字，亦多被焚。龙式池及井中，均书函狼藉，为人所抛弃。有绸面华丽之书，皆手订者；又有缮书人所书之字，皆被人随意搬移。其在使馆中研究中国文学者，见宝贵之书如此之多，皆在平时决不能见者，心不能忍，皆欲拣选抢归。自火光中觅一路，抱之而奔"。朴笛南姆威尔、翟理斯等人，识得这些珍贵文献资料的价值，但当时的举动也不过是在火光中恣意"拣选"，抢之而奔。

更可气的是，这些帝国主义分子哄抢完毕后，还装模作样地到总理衙门报信，真可谓是贼喊捉贼。他们还恬不知耻地夸耀说："将来中国遗失之文字，或在欧洲出现，亦一异事也。"

此事过后，不少人在废墟堆中捡到《永乐大典》，当时的译学馆官员刘可毅在侵略军的马槽下就捡到幸存的《大典》几十本。

经过这两次帝国主义的浩劫，《永乐大典》的残存本被分散到了世界各国的图书馆或私人手里，成为他们手中象征东方文化的陈列品或高价待沽的商品，有的甚至出现在外国的旧书店或拍卖行里。

八国联军侵占北京事件之后，一些更为狡猾的帝国主义分子感觉意犹未尽，开始千方百计地从中国私人手中攫夺《大典》。东洋文库便是一例。东洋文库的前身是莫利逊文库，是英国人莫利逊创办的，他在庚子事变中掠得《大典》六册。莫利逊死后，东洋文库从他的妻子手里接收了六册《大典》，同时放出消息，在北京等地的书店里如有人出卖《永乐大典》，希望首先告诉他们。因此，令更多的《大典》到了他们手中。1943年春，东洋文库得到消息，吴兴嘉业堂所藏的四十九册《大典》要出卖，便勾结大连满铁图书馆的松冈洋右，一来二去，这一大批《大典》就被满铁图书馆占有了。清朝的一些官吏和书商，为贪图暴利，也随便将《大典》向外国人出售。据记载，民国三年（1914年），有个叫董康的官吏，专门携带十七册《大典》到日本高价出售。1948年北京解放前夕，美国还通过其在燕京大学的代理人，从该校图书馆取走该馆仅藏的一册《永乐大典》。总而言之，帝国主义分子掠夺我国珍贵文物的罪行不胜枚举，掠夺《永乐大典》仅是其中的一桩而已。

　　正是因为帝国主义的侵略和清官员的腐败，《永乐大典》在暗偷明抢、巧取豪夺之下，几乎全部散佚。少量残存的《大典》，有一些也远离了祖国，流散到异域远邦。这部出类拔萃的文化典籍，遭受如此厄运，让我们感到痛心。

七、《永乐大典》的收藏现状

新中国成立之后，我国社会各项事业全面发展，《永乐大典》也结束了过去颠簸流散的命运。

党和政府对古代文化遗产极为重视，为了更好地收集整理《大典》，文化部与北京图书馆特地联合举办了《永乐大典》展览。在展览上，工作人员大力宣传《永乐大典》的价值及其遭遇，激发人们的爱国主义热情。这次展览之后，国内许多藏书家都在爱国主义精神的感召下，把自己珍藏多年的《永乐大典》残存本捐了出来。

1951 年，在张元济先生的倡议下，商务印书馆董事会一致通过，将商务印书馆所属的东方图书馆收藏的《永乐大典》二十一册捐献出来。这二十一册《大典》，是侥幸逃过帝国主义魔爪的幸存部分。张元济先生是著名的藏书家，他创办的涵芬楼，曾是长江以南藏书最多者，且收藏的多为孤本善刻，但这些藏书大多都毁于"一·二八"日寇侵略上海的炮火中。这二十一册《大典》，是因为他先期取出，才成了劫后幸存之物。

另外，北京大学图书馆也捐赠了四册《大典》。

一些私人藏书家如周叔弢、赵兀方等人，也把自己多年来苦心珍藏的《永乐大典》捐献给了国家。还有私人藏书家王掌柜。王掌柜姓王名富晋，当时他开设的富晋书社已有五十多年的历史。王掌柜曾经购得扬州吴氏测海楼藏书，店中多以善本孤本著称。他藏有一册《永乐大典》，从来都是秘不示人，一心想卖个好价钱。新中国成立前就有好几个藏书家想买下这一册《大典》，如果不是王掌柜开价过高，这一册《大典》也早归他人所有了。但新中国成立后，王掌柜看到党和国家对文化遗产的重视，也非常大气，以一个公平合理的价格，欣然把这一册《大典》卖给了文物局。

近几年来，《永乐大典》的收集工作又有了新的进展，在上海和山东掖县各发现一册。

此外，流散在国外的《永乐大典》，有一部分也回到了阔别已久的祖国。20世纪50年代初期，前苏联政府曾先后三次将六十四册《大典》归还。1955年，原东德总理访华期间归还了三册。

由于藏书家的捐献和前苏联等国的归还，北京图书馆所藏的《永乐大典》，很快由新中国成立前的一百一十册骤增到二百一十六册（其中包括抗战时寄存于美国国会图书馆的六十册）。另外上海图书馆、四川大学图书馆也各藏有一册。

据统计，《永乐大典》残本目前星散于八个国家的三十多个单位和个人手中，大约四百册，八百余卷。收藏机构有：中国国家图书馆、上海图书馆、四川大学图书馆、台湾"中央"图书馆、台湾"中研院"历史语言研究所、日本国会图书馆、日本东洋文库、日本京都大学人文科学研究所、日本京都大学附属图书馆、日本天理图书馆、日本静嘉堂文库、日本斯道文库、日本大阪府立图书馆、日本武田长兵卫、日本石黑传六、日本小川广己、英国图书馆、英国牛津大学图书馆、英国伦敦大学东方语言学校、英国剑桥大学、英国马登、德国汉堡大学图书馆、德国科隆基莫图书馆、柏林人种博物馆、美国国会图书馆、美国哈佛大学图书馆、美国康奈尔大学、美国波士顿图书馆、越南河内法国远东学院、韩国旧京李王职文库等。其中，中国国家图书馆拥有二百二十一册（包括现存于台北故宫博物院的六十册），居世界各处收藏之首。

八、《永乐大典》的影印

由于《大典》的保存过于分散，不利于中外学者对《永乐大典》研究工作的开展。上世纪 50 年代，中华书局组织专人，成立了专门的班子。在做了长期的访查工作后，于 1959 年将当时搜集到的《永乐大典》共七百三十卷影印问世。

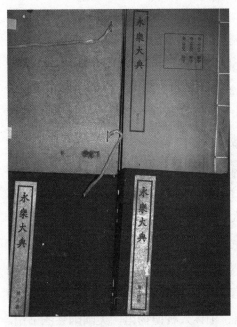

影印《大典》的做法，过去一些私人藏书家如傅增湘、叶恭绰曾做过，他们都曾将自己所收藏的一册《大典》进行过影印。但是，像中华书局这样全面系统的影印，自《永乐大典》诞生以来还是第一次。中华书局的影印本将原书缩小为线装四开本，书名用红色，里面内容为黑色，二色套印，极为清晰醒目。分装为二十函，共二百零二册。另外，书局将乌字韵的一册按照原书版式尺寸和装帧，制成仿制本，以便今天的读者能见到《永乐大典》原书的风采。

自 1960 年以来，中华书局调查走访搜寻《大典》的脚步从未停止过。经多方联系，又陆续征集到六十七卷。这六十七卷中，有上海、山东新发现的五卷，台湾的五卷，其余都是流散在海外的。仍为线装套印，二函共二十册，称为《永乐大典》续印本。中华书局又把以前影印的七百三十卷连同续印本所收六十七卷共七百九十七卷，印制成十六开精装本，并在其后面附印《永乐大典目录》六十卷。其实，嘉靖抄本的大典《目录》早已散佚，但幸好连筠簃丛书根据《目录》抄本刊刻过，所以，现在精装本所收的大典《目录》就是根据这个复制的。《永乐大典目录》对了解《永乐大典》全书内容具有很高的参考价值，是研究《永乐大典》必不可少的参考书籍。

中国古籍巨著

此外，我国台湾省也出版了《永乐大典》影印本，共收七百四十二卷，是在中华书局七百三十卷影印本的基础上加配台湾和西柏林所藏的十二卷（中华书局续印本已收）。日本也影印过天理图书馆所藏的十六卷《永乐大典》。

比较以上这些影印本，应当说以中华书局影印本质量最佳。现存于世的《永乐大典》为八百一十卷，中华书局两次影印本共收七百九十七卷，占到现存总数的百分之九十九，是目前收集最为齐全的影印本了。

《永乐大典》影印本的出版，将为中外学者研究《永乐大典》、发掘和利用我国古代文化遗产提供极大的方便。

九、《永乐大典》的利用

《永乐大典》是一部百科全书，里面收录的知识相当广泛。然而，《永乐大典》同封建社会一些官修大型类书一样，都是为了满足封建帝王个人需要的，

中国古籍巨著

也就是说是给皇帝一人看的。《大典》编完之后，长期深藏在宫中，别说一般老百姓或者读书人，就连那些翰林的大学士们也很少有机会看上一眼，所以，那时它不过是明代帝王的御用品而已。

但没被充分利用并不等于《永乐大典》没有价值，它最大的贡献就在于其中保存了我国明初以前各种学科的文献资料。

明朝万历年间重修《文渊阁书目》时，官员们发现《大典》所收之书只能找到十分之一了。后又经过明末清初的动乱，散佚的典籍就更多了。对《永乐大典》的利用，应该说是从清代开始的。最早利用《永乐大典》的是李绂和全祖望。雍正年间他们开三礼书局，皇帝允许他们在翰林院阅读《永乐大典》。这一看，让他们有了大发现。他们看到，《大典》中收录的书，好多是"世所未见之书""或可以补人间之缺本，或可以正后世之伪书……不可谓非宇宙之鸿宝也"。于是，他们根据《大典》开始了辑佚工作，并制订专门的制度，规定有传本的不辑；即使没有传本但"不关大义者"亦不辑，裒辑的内容范围主要是经、史、志乘、氏族、艺文等五方面的众人想看但看不到的典籍，即"其所欲见而不可得者"。两人规定，每天阅读《大典》二十卷，先把要辑录的内容标出，另找四个人专门负责抄写。其实，他们把这件事想简单了，由于《大典》的内容网罗宏富，所以这项工作不是一个人或几个人就能完成的。所以，很快全祖望就感慨地说："司马光的《资治通鉴》能从头读到尾的只有王益柔一人，一般人没有读完一

卷，就打呵欠想睡觉了，何况《大典》是《通鉴》的百倍呢！"这时他已经感到个人力量的微薄并对此深表忧心。第二年，全祖望被罢官回乡，辑佚工作也无法再进行下去。这一年多的时间里，他们共辑出王安石的《周官新义》、高氏的《春秋义宗》、《唐说斋文钞》等十种久已失传的书籍，贡献也不小。

清高宗乾隆年间，《四库全书》开馆时，安徽学政朱筠奏请要求"校《永乐大典》，择其中人不常见之书辑之"，得到了当时四库总裁官于敏中的支持。于敏中等人对此事十分重视，乾隆三十八年（1773 年），还专门设立了《四库全书》馆"校勘《永乐大典》散篇办书处"。在此工作的人员先后共三十九人，其中有著名学者戴震、邵晋涵、周永年等人。到了乾隆四十六年（1781 年），共辑出经部六十六种，史部四十一种，子部一百零三种，集部一百七十五种，共计三百八十五种、四千九百四十六卷。如西晋杜预的《春秋释例》，查考唐人世系及生平传记的林宝《元和姓纂》，后来列入二十四史的薛居正的《旧五代史》，研究南宋初年历史的重要史籍《建炎以来系年要录》，宋代医学名著《苏沈良方》《博济方》《伤寒微旨》，南宋著名的目录学著作陈振孙的《直斋书录解题》等等，这些都是当时市面上看不到的亡佚已久的秘籍，全靠《永乐大典》才得以保存下来。而且，这次辑佚的重点在宋元艺文方面，在全部辑出的一百七十五种集部书籍中，多数为宋元人的诗文集，比较著名的有宋人夏竦的《文庄集》六卷、宋庠的《宋元宪集》四十卷、王琏的《华阳集》六十卷及附录十卷、元人陆文圭的《墙东类稿》二十卷、胡祇遹的《紫山大全集》二十六卷等等。还有，像黄庭坚最为赏识的诗人谢逸，曾作蝴蝶诗三百首，人称"谢蝴蝶"，他的诗句如"狂随柳絮有时见，舞入梨花何处寻"等，刻画细腻，清新可读。但谢逸的诗文集《溪堂集》早就没有传本了，所以他的诗文在《宋文选》《宋诗钞》《宋诗存》等书中都没有被收录，厉鹗的《宋诗纪事》中也只不过收了十多首。

中国古籍巨著

但此人的作品，在《永乐大典》中就收录了一百多篇。就是这些优秀诗文作品的辑出，极大地丰富了我国的文学宝库。

嘉庆间修《全唐文》和道光时重修《大清一统志》时，当时的官员也利用过《永乐大典》。翰林院有一些对古代文化典籍有兴趣的官员，都做过辑佚工作，其中以徐松最有远见，坚持的时间最长，取得的成果也最大。他辑出的《宋会要》有五百卷，《宋中兴礼书》《续中兴礼书》等都是超过百卷的大书。像这些上百卷的大书，四库馆臣都没有能辑成，却由徐松一个人完成了。

光绪年间，文廷式、缪荃孙等人也曾做过辑佚工作，辑有《宋状元及第图》一卷、《寿昌乘》一卷、《曾公遗录》三卷、《十三处战功录》一卷等。由于那时《大典》已所剩不多，所以辑出的书不过是一些零星散本。

值得一提的是，清代一些学者对《永乐大典》进行辑佚之时，还尽可能地将辑佚工作与自己的学术研究相结合，并且在这方面颇有成绩。杭世骏撰写的《续礼记集说》，里面所引用的宋元人之说将近一半，均是出自《大典》。徐松研究唐代科举制度的专著《登科记考》，其中关于唐人及第的史料，大多数也是由《大典》中的宋元方志中摘得；另外，他从辑出的《元河南志》一书中，还取得了撰写《唐两京城坊考》的可靠史料。

总体来看，清代对《永乐大典》的使用，大致上可以分为三个阶段，即《四库全书》馆以前、《四库全书》馆时期和《四库全书》馆以后。清人所做的辑佚工作确实取得了一定的成绩，抢救出了许多有价值的文化典籍，对学术研究起到了一定的作用，但也不能令人满意。尤其是开《四库全书》馆那次，当时《大典》尚很齐全，散佚不多，条件也比较好，完全可以把工作做得更细更好些。但是，由于当时辑佚的目的主要是为了巩固封建统治，所以存在不少问题。

首先，清朝的统治者为了维护、巩固清王朝的统治，对《大典》中哪些书该辑，哪些不辑都有严格的规定，这样，那些内容上有进步思想的著作就全部被列入不辑的范围。而且即便是那些要辑录的书，只要是内容上与封建儒家思想有违背之处，就会被当做异端大加删改。例如，宋人刘跂的《学易集》中有关于道家思想的青词，清高宗认为"青词迹涉异端""非斯文正轨"，便下令"刊刻即应删"。又如《穆修集》有曹操传记，统治者又认为"语多称颂，谬于是非大义，在所必删"，并规定"诸凡相类者，均可照此办理"。诗文中有宋人斥辽金、明初人斥元的语句，也要删改，需要做较大删改的索性弃之不录。《学易集》中有诗《虏中作》十八首，辑出时题目被改为《使辽作十四首》，即使这样，其中有四首因有"甘作河南犬，休为燕地人"等句子，还被统治者视为"触碍字样，固不可存"。宋人王洋《东牟集》中有一篇《已未岁新复河南故地肆数诸神文》，因内有"国家以火运中微，胡尘暗于华夏。中原数百州之地，沦没擅腥"的字句，整篇文章便被删去。像这样在所谓字句触及忌讳的罪名下被随意删改或遗弃不收的作品，在当时是为数不少的，所以，《大典》的辑佚可谓进行得艰难。

第二，限于狭隘的封建正统思想，统治者对科学技术著作和民间文艺作品的重视程度不够，因此对这类作品的辑佚工作缺乏重视。据四库总裁官纪昀《阅微草堂笔记》记载，他在《永乐大典》里曾见到过宋代兵器神臂弓。此兵器发放时立于地上，扣动扳机，能射穿三百步以外的铁甲，宋军抵抗金兵时全靠这一利器。当时有军法规定，不得遗失，即使战败也不能携带，必须销毁，以防金人拾到后仿制。但自明朝之后，它的制造方法就失传了，好在《永乐大典》中还保存着神臂弓的图说。但在辑佚时，仍然是因为害怕此技术被"西洋人"得到，所以就没有辑录。又如，宋代邓御夫长

期生活在农村，对农业技术了解很深，著有《农历》二百卷，其中所记载的内容比《齐民要术》还要详尽，这无疑是研究我国十一、二世纪农业技术的宝贵资料。但辑佚《大典》时，当时的官员对此缺少足够的重视，也没有辑出，以至失传。

根据《永乐大典目录》，我们知道，《大典》卷一三九六五至一三九九一，载有戏文三十三种，卷二〇七三七至二〇七五七收杂剧九千余种。《大典》中收入的话本也很多，《四库全书总目》称"《永乐大典》有平话一门，所收至夥，皆优人以前代轶事敷衍成文而口说之"。这些戏文、杂剧和平话在乾隆时期还都被完整地保存着。但在辑佚过程中，由于辑佚者的正统文学观念，视平话戏曲为俚俗之作，上不得台面，便置之不顾，使得这些珍贵的文学遗产大部分亡佚了。

第三，《四库全书》馆是一个封建官僚机构，那里的官员并不都是把修书当成己任，大多数人是为谋求升官发财而来，所以对从《永乐大典》中辑录佚书这样虽然重要却枯燥无比的工作，难免出现粗枝大叶、消极怠工的情况，常常使得辑佚工作难以顺利进行下去。后来，就连当初赞成辑佚的总裁官于敏中也把辑佚工作比作食之无味、弃之可惜的"鸡肋"，不打算坚持下去了。周永年、朱筠等人，致力于辑佚事业，经常为之力争，那一些馆臣索性把整个辑佚工作都推给了周永年一人。好在周永年很有毅力，不管刮风下雨，寒天酷暑，都坚持裒辑，又抢救出《公是集》等十余种。

就在四库馆的辑佚工作结束后，《大典》的散片还有许多被保存下来，只要稍微做些加工，即可成册。乾隆四十五年（1780年）法式善进馆时，还利用这些散片抢救出苏过的《斜川集》等书。但后来的统治者认为这些散片"皆非要书""止须缓办"，以致本来极易抢救出来的散片也散佚了。

除了很多内容根本未被辑佚之外，就辑本本身来说，漏辑和错辑现象也是非常严重的。辑佚时的工作程序是，辑出一批后，先交总裁官于敏中审读，然后送交清高宗审定。于敏中在审读辑本时就发现不少错误，他说："偶尔抽看，即有错字如许。"甚至有的馆臣故意辑错，为的是让清高宗审定时指出来，"以示圣明之天纵"。这样一来，就把制造差错当作谄媚帝王的手段，一项如此严肃的工作被亵渎了。另外，统治者大都好大喜功，急于求成，都希望辑佚工作能快速完工，便再三催促，这也使得辑佚工作未能认真进行便草草收场，还说什么"菁华采尽，糟粕可捐"，以致本应抢救出来的宝贵文献又遭厄运了。所以总的来说，我们承认清代对《永乐大典》的三次辑佚，以《四库全书》时期辑出的书在数量上最多，但存在的问题也是不少的。

自从有了《永乐大典》影印本，《永乐大典》不再像以往那样珍秘难求。影印本的数目虽然仅占原书的百分之四，但由于《大典》每册几乎都是一个历史资料的小海洋，所以其中仍有不少有价值的文献资料有待研究工作者发掘利用。今天，人们对《永乐大典》的利用仍然集中在辑佚和校勘两个方面。

历来学者都视《永乐大典》为辑佚的最好据本，即便现今残存本仍可增补现存的总集和别集。例如，清康熙年间修纂唐代诗歌总集《全唐诗》时，就没有充分利用《大典》，所以其中收录的作品并不全。现今《大典》残存本中保存的诗人王维、韦庄、王贞白、李群玉的一些作品，都是《全唐诗》没有收录的。

至于可以补充的宋元两代人的著作就更多了。今人编辑的《全宋词》《全金元词》的作品，有不少就是取自《大典》，像苏轼、陆游、陈亮、文天祥、谢翱、汪元量等人，虽有诗文集传世，但仍有许多作品可以根据《大典》残存本进行补充。宋代著名诗人范成大的《范石湖大全集》自明代之后就找不到了，现在还可以根据《大典》辑出他的文章数十篇，这对了解范成大的思想和生平事迹具有很高的参考价值。还有像元代诗人贯酸斋、

中国古籍巨著

冯海粟、刘秉忠等人的诗歌作品，有不少是诗集中缺载的。被缺载的这部分作品中有相当一部分意境清新，内容也比较健康，是文学史研究工作者不可忽视的，这些在《大典》中也都可以找到。

《大典》残存本"戏"字韵一册中，收有《小孙屠》《张协状元》《宦门子弟错立身》三种南戏剧本。南戏是宋元年间流行在浙江民间的著名剧种。该剧种除了现存的《荆钗记》《白兔记》《拜月亭》《杀狗记》和《琵琶记》之外，这三种是我们能见到的最早的南戏剧本了。再如"梦"字韵下，收有《魏徵梦斩泾河龙》一段，故事情节与吴承恩的《西游记》非常相似。"辽"字韵一册，收有最早的平话《薛仁贵征辽》。这些作品对于研究中国戏曲史和民间文学史来说，也是十分珍贵的资料。

《永乐大典》中有关宋元两朝的史料也非常丰富。清人法式善说，"苟欲考宋元两朝制度文章，盖有取之不尽，用之不竭者焉"。意思就是说，如果想寻找关于宋元两朝有关制度的文章，《大典》中是取之不尽用之不竭的。这样评价《大典》并不过誉。现在的《大典》卷一四六二〇至一四六二九收有《吏部条法》一书，里面记载的都是有关宋代官吏考绩制度的档案，这就有利于我们对宋代职官制度的研究。另外，元代的地理总志《元一统志》原书近八百卷，里面记载的元代地理区划、沿革以及山川、湖泽、物产、土贡、往古遗迹等都非常详尽，是研究元代历史的重要文献，可惜此书在明后就无人得见了。今人赵万里有辑本，但当时辑佚时遗漏不少，现在仍可补辑，使之更为完善。还有，《大典》中所收的古算书有《杨辉日用算法》《杨辉摘奇算法》《锦囊启源》《严恭通原算法》等等，其中记载了宋元时期粮食、布匹、日用消费品的价值变化，这些重要的经济史料，也是在其他的书中不能见到的。

《永乐大典》中收录的志乘一门内容极其丰富，其中所记载的各州、府、县的山川、气候、物产、风俗、人物、艺文等内容，翔实可信。而四库馆臣在辑佚时几乎对此完全不重视，全部放弃了，只有后来的徐松、缪荃孙等人才稍为留意。《大典》中的志乘绝大部分是宋元人所编，是我国志乘一类中的最早著作，其中所记载的内容，许多是后来同类书中没有的，非常珍贵。现存的《大典》中，尚存方志七百多种，比较完整的有《湖州府志》《杭州府志》《绍兴府志》《苏州府志》《太原府志》《汀州府志》《辽州志》等十多种。如卷一一九〇五收的《南海志》，记录了元代时广州的赋税、土产及舶货等，是了解元代大德年间海外交通的珍贵史料。又如《太原府志》，记载了关于山西各地煤矿分布及开采情况，这些资料对于今人了解山西的矿产分布，加快开发山西煤炭资源，也是极有参考价值的。

《永乐大典》中收录的科学技术方面的书籍也是不少的。卷二三一九四"种"字韵下，收录了吴怿的《种艺必用》和张福的《种艺必用补遗》，这两者都是失传了很久的古农书。《种艺必用》是南宋末年的作品，所记述的地点在江淮以南；《补遗》是宋末元初时期的作品，所记述的地点在山东。两书都总结了粮食作物、蔬菜、果木、花卉的种植方法和注意事项，内容全面真实，可以作为《齐民要术》和《农桑辑要》的补充，在宋元间农业科学发展史上具有重要意义。

与《种艺必用》合称为《永乐大典》残存本中工农学两大名著的，是元初薛景石的《梓人遗制》。《梓人遗制》这部作品是记载各种车子和机子（罗机子、立机子等）制造方法的专业用书。最为可贵的是，该书对各种机子附有详细的图说，可惜原书绝大部分已被毁，现在只能见到一小部分了。

《永乐大典》的监修姚广孝，本是医家之后，担任医学副总裁的蒋用文、赵同友又是太医院的名医，所以《大典》中有关医学内容不仅编纂精细，且征引了大量的医学典籍。清人仅辑出二十一种，现存《大典》至少还可以辑出五十多种。这些医学典籍，多为李时珍《本草纲目》之前的宋元医学名著，内容包括内、伤、皮肤、五官、小儿、妇产等科，所记的验方，也都切实可行。据说清朝乾隆年间有个叫蔡葛山的人，曾参加修纂《四库全书》。一次，他的孙子不小心把铁钉子吞进肚子里，请了不少医生，用尽各种方法治疗都不管用。孩子的病越来越重，他非常着急。后来，他看到《永乐大典》所收的《苏沈良方》里有专治小儿吞铁物的药方，照法服药，铁钉很快就排泄出来了。《苏沈良方》的作者是苏轼和沈括，他们是宋代著名的文学家和科学家，对医学也很有研究。《大典》残存本卷一一六一三至卷一一六二〇"老"字韵下，载有元人邹铉所著的《寿亲养老新书》，其中谈到了斧食治法，古代称为食医，其实就是今天人们常说的"食物疗法"。其中记载了一个方子，阿胶粥（即用糯米煮粥，临熟下阿胶制成）一方，是专治妇科胎动不安的。经过现代临床使用证明，此方方法简单，且效果极好。《大典》中的不少医学药方，对治疗疑难杂症都颇有功效。而且这些医药文献，对研究古代中医学、药物学以及继承和发展中医事业，都有值得参考和借鉴之处。

附:《永乐大典》大事记

1403 年（永乐元年）	明成祖下令修书
1404 年（永乐二年）	首次成书，当时叫《文献大成》。
1405 年（永乐三年）	重修
1408 年（永乐六年）	正式成书
1562 年（嘉靖四十一年）	明世宗令人抄写一副本，耗时六年。
明末清初	正本下落不明
雍正年间	副本收藏在翰林院
乾隆年间	修《四库全书》，发现《永乐大典》有千余册不知所终。
1894 年（光绪二十年）	仅存八百余册
1900 年（光绪二十六年）	翰林院被焚，《永乐大典》所余无几。

中国古代最大的百科全书——《永乐大典》

中国古代规模最大的丛书
——《四库全书》

　　《四库全书》是清代乾隆皇帝亲自组织的中国历史上一部规模最大的丛书。1772年开始，经十年编成。据文津阁藏本，该书共收录古籍3503种、79337卷、装订成三万六千余册，保存了丰富的文献资料。丛书分经、史、子、集四部，故名四库；经史子集四分法是中国古代图书分类的主要方法，它基本囊括了古代所有图书，故称"全书"。《四库全书》是一部百科全书式的丛书，被称为"千古巨制，文化渊薮"。

一、《四库全书》的修书缘起

《四库全书》自成书起就被称为"千古巨制，文化渊薮"，可谓是我国古代文化思想遗产之总汇，在中国学术文化发展史上乃至世界文化史上均占有重要地位。

四库全书是一部百科全书式的丛书，"丛"即是"总"的意思，含有聚集与众多的意思。丛书就是把各种单独的著作汇集起来编成一部内容丰富、题材广泛的大型典籍。

早在我国唐代就已经出现了丛书，唐人陆龟蒙就著有《笠泽丛书》，但此书与后来丛书的意义完全不同，这部书实际上是他本人的诗文集。真正的丛书之祖是南宋宁宗时由俞鼎孙等人编纂的《儒学警悟》。这部书开创了后世丛书的体制。明清以来丛书的发展极其迅速，数量和种类更是浩如烟海。鲍廷博的《知不足斋丛书》，胡珽的《琳琅密室丛书》以及宋代的"四大书"，也都享有盛名，对后世影响深远。但是无论哪一部丛书都无法和《四库全书》丰富的内容和浩瀚的篇幅相媲美，这部包罗万象、精华荟萃的《四库全书》堪称古今丛书之最。

《四库全书》是一部官修丛书。为了编撰这部大型丛书，乾隆帝动用了大量的人力、物力和财力，集中了大约四千余人，编修过程历时十五年之久，可谓是中国文化史上最浩大的修书工程。全书共收录了图书三千五百零三种，计七万九千余卷，三万六千余册，基本上囊括了我国 18 世纪中叶以前所有的著作，是我国古代丛书前所未有的大结集。全书共有九亿九千多万字，如果把全书的书页逐页连接，可以绕地球赤道一又三分之一周。《四库全书》在学术界影响深远，直至今天，世界上一些著名的百科全书如英国的《大英百科全书》，日本的《世界大百科事典》等都把《四库全书》的编撰作为中国文化史上一件开天辟地的大事，以专门的章节和段落来介绍给世界各国的读者。

（一）修书背景

　　清朝乾隆年间为什么会修撰这么一部体系庞大、内容丰富的丛书呢？这就要从当时的社会背景和统治者在文化方面的政策说起。清朝处在封建社会的末世，但是它同其他王朝一样，有属于自己的辉煌繁盛时代，即"康乾盛世"。就当时国家的经济、文化、社会的发展程度而言，并不比"汉唐盛世"逊色。

　　"康乾盛世"的开创者是康熙帝。康熙初年已大致确立了满族贵族在全国的统治，但是政局尚未最后稳定。康熙帝亲政后，接连采取了一系列重大的改革措施，如：清除顽固守旧的鳌拜集团、实行开明政治、削三藩维护中央集权、收复台湾等等。以上措施的成功实行为清王朝创造了一个日益安定的政治局面，使整个社会走上了休养生息的轨道。康熙帝还颁布了一些有利于农业生产的政令，如奖励垦荒、修治黄河、减轻赋税、赈济灾荒等等。雍正年间，又进一步实行了"摊丁入亩"的赋税改革。这一切，促进了社会经济的恢复和发展，带来了"海内久安""民生富庶"的兴盛景象。

　　乾隆时期，清代社会在康熙帝所开创的盛世基础上继续发展。此时清王朝的国力也达到了巅峰。据记载，清朝全国耕地面积已经远远超过明朝末年，人口总数已经突破了两亿；工商业日益繁荣，城市相继兴起，生产的规模和水平在许多方面都超过了前代。财富的大量积累，使封建国家库府充盈。当时清政府的收入每年可达三千多万两，国库贮银常在七八

千万两左右。

国家富足、社会安定，这些都是文化事业得以发展的基础和契机。清政府之所以能够在乾隆年间集中巨大的人力、物力，花费数十年的时间从事《四库全书》的编撰，与"康乾盛世"的时代背景是分不开的。

在乾隆以前，由朝廷出面组织文人士子编纂书籍的做法就很盛行。有人做过粗略的计算，仅康熙一朝由官方举行的修书活动就多达三四十起，所修书籍除大量的注经作品外，还有不少工具书，如大家所熟知的《康熙字典》《渊鉴类函》等等。举世闻名的大类书《古今图书集成》也修于此时，该书从康熙三十九年开始修撰，到雍正初年后完成，多达一万卷，仅次于明代的《永乐大典》。

但是，如果认为清朝统治者之所以修书仅仅是出于对中国传统文化的爱好和热衷，那未免太简单了。在封建社会，统治者的文化政策从来是与政治上的需要紧密地联系在一起的，清朝的统治者在这一点上也不例外。

康乾盛世是清朝封建统治者加强中央集权的时代。在思想文化方面一向实行文化专制统治，用高压和笼络的双重政策对付知识分子，以便让他们为自己服务。

清朝的统治者是不允许文人对自己的专制统治表示任何不满和异议的。清代皇帝常常在文人和官员的诗文和著述里挑毛病，一旦认为是污蔑大清或是触犯忌讳的，就给作者加上"心怀不轨""图谋叛逆"的罪名大肆杀戮。这就是人们常说的盛行于康雍乾三朝的文字狱。比较著名的有康熙朝的"明史案"和"《南山集》狱"，雍正朝的"吕留良案"等。

"明史案"发生在康熙初年。浙江大富商庄廷钺从邻居手中购买到明朝大学士朱国桢编写的《明史》，原书并未修撰完成，于是他请人续补明崇祯朝和南明史事，用自己的名字刊刻出版。由于书中写到清努尔哈赤皇帝曾接受明朝的封号，而此书被人告发时庄廷钺已死，遂被开棺戮尸，他的父兄弟侄皆被问斩，全案株连致死七十多人，连为此书作序、校对、刻印乃至售书、买书之人都牵

中国古藉巨著

连其中，无辜受难。康熙末年，桐城人戴名世在其所著的《南山集》里引用《滇黔记闻》中的材料，对南明王朝寄以同情，又主张在《明史》中为南明三帝立传，也遭到清政府的迫害。他本人被杀，同族人大多受到了牵连。雍正六年，湖南人曾静派弟子张熙给川陕总督岳钟琪书信，信中说他是宋代名将岳飞的后裔，让他举兵反清，岳钟琪将其告发。曾静之所以这么做，是受了浙江大学者吕留良著作的影响。吕留良早死，因此被戮尸，儿子和两名门生被杀害，孙子被发配到边疆，吕家妇孺都被贬为奴隶。只有曾、张二人，雍正帝认为其"误信邪说"、已经悔罪，从宽发落。但是到乾隆帝即位时，还是难逃一死。后来雍正帝暴毙，世人对其死因议论纷纷、众说纷纭，有的说是被吕留良的孙女吕四娘入宫刺死，有的说是暴病而亡，当然传说并不是历史事实，但它却反映了老百姓对封建社会统治者专横残暴的痛恨，也表达了他们对弱者和遭受迫害者的同情。

但是清朝的统治者深知，要想让文人和士子为之效命，单凭高压和残暴的手段是不够的，还必须对其进行笼络与安抚，双管齐下才可能达到目的。用乾隆的话来说，这叫做"恩威并用，宽严相济"。为此他们也是煞费苦心、绞尽脑汁。清政府恢复了前朝开科取士的科举制度，也满足封建文人对仕途和功名利禄的愿望。对特别卓越、富有很高声望的才子，还特别开设了"博学鸿词"科以示优越和延揽。康熙十八年首次举行"博学鸿词"科时，有的文人并未答出考卷，但由于声望远播，也都予以录取。除此以外，还在"崇儒兴学""弘扬文化"的口号下号召大批文人士子编撰书籍，诠释儒家经典为统治阶级的意识形态服务。康熙以来的修书风气正是这种文化政策的产物。到乾隆帝时对思想文化领域的统治更加重视，同时也实施了更加高压的文化政策残害文人志士；但是另一方面又极力笼络知识分子，乾隆即位不久便二次开设"博学鸿词"科，又命令去收

集散落在民间的书籍，充实内府藏书，还不断开设书馆，编撰一些政书、史书、字典、律例、军事方略和地理志等。乾隆年间所编纂和刊定的书籍之多，已经远远超过了康熙时期。尽管如此，乾隆皇帝仍然不满足，一心希望在修书撰书方面可以超越前人。在他看来，这样做可以吸引、网罗更多的文人志士，让他们埋头修书、无暇关注政事，还可以借此来标榜自己是真正重视文化典籍、"稽古右文"的圣明天子，并且通过官修书籍，进一步宣传统治阶级需要的思想，进而规范人们的言论和行为，维护清王朝的统治。正像他本人后来在《文渊阁记》中记载的"余搜四库之书，非徒博右文之名"，就像宋代哲学家张载所说的："为天地立心，为生民之道，为往圣继绝学，为万事开太平，胥于是乎系。"短短几个字便把修撰《四库全书》的意图和目的和盘托出了。

（二）周永年与"儒藏说"

除了统治阶级的需要，《四库全书》的编撰还和当时的社会氛围和学术风气的变化密切相关。

清朝初年，人民刚刚经历了明清之际的重大变革，对许多社会问题有了更加深刻的认识和了解。著名学者顾炎武、王夫之等人，总结明朝灭亡的教训，痛斥宋明理学脱离实际、误国害民，他们主张"经世致用"和"博学实证"，即倡导学以致用，为了更好地治理国家而读书，读书的时候要专心认真，要多读书，并且能够真正理解书中的内容及其真意。这种批判和求实的精神给学术界带来了百家争鸣、生动活泼的局面。

但是随着清朝专制制度的加强，文人面对如此紧张的局面已经是提心吊胆，于是他们不敢再议论国事；加之历史也很难撰写，稍不留神就可能触犯禁忌，

中国古籍巨著

惹来杀身之祸。"避席未闻文字狱，著书都为稻粱谋"，龚自珍的诗句真实地道出了当时人们的恐惧心理。由于文化上的高压政策，不少有学识的文人将精力投入到历代古籍的整理当中，对几千年来极其丰富的文化遗产，尤其是代表儒家思想的经典书籍，进行了深入细致的考订、校勘、训释，逐渐形成了一代学风。

这种学风的显著特点是：以考据为主要治学内容，学者终日埋头于古籍里下工夫，寻词摘句解释疑点和难点，主要是总结前人提出的理论，很少有自己的观点和意见。由于他们在研究中采用的是汉代儒家弟子治学的方法，与宋明理学有所不同，因此被称为"汉学"。汉学家继承了清初顾炎武等人的"博学实证"，摒弃了他们一再强调的"经世致用"这个根本目的。虽然在整理我国古典文化遗产方面取得了巨大的成就，但却细碎繁琐，严重脱离实际。

由于汉学遵循回避现实、埋头于古籍考订的原则，又没有背离封建社会统治阶级的思想，还能成为宋明理学的补充，因而得到乾隆帝的鼓励和扶植。一些大臣也大加倡导，乾隆中叶以后，考据之风盛极一时。学术风气的改变，导致产生了新的读书要求，为了考证学术的源流和征引材料的出处，必须阅读大量内容完整的原著古籍，而过去的那种分门别类摘录编撰而成的类书已经不再适合学术的要求。还有大量的书籍由于年代久远、保存不当，已经大量地消亡，此时开始出现一些抄录古书籍的学者，并取得了一定的成就。其中有个叫周永年的山东学者，他写了《儒藏说》，大力宣扬征集儒家经典著作的必要性和紧迫性。他指出："天下之物，未有私之可以常据，公之而不能长存久者。"他指出，要想让古籍得以完整地保存，应当学习佛道两家筑阁藏经的办法，建立"儒藏"，把天下书籍征收到一起藏入学宫、书院、

古刹，以便妥善保管，还可以随时修补，这样既可以供学者研读，又可以防止其损毁，有利于流传千古。他本人还亲自和好友在家乡建立"贷书院"，也就是今天的图书馆。他把搜藏和多方购买的十万余卷书籍藏入其中，鼓励好学之士前来阅读和观赏，此举受到当时人们的赞赏。

随着形式的发展，大规模的收集、整理、贮藏古籍的任务已经成为一种潮流。所以周永年的"儒藏说"已经成为修撰《四库全书》的先声。后世学者多将《四库全书》的首倡之功归于周永年，是有其道理的。乾隆帝作为汉学的扶持者，亦想借此标榜自己的"文治之功"，因此便以积极的心态，因势利导，下诏广征天下遗书，准备在此基础上编撰一部旷古未有的大型丛书。

乾隆三十七年正月初四，乾隆帝向全国发布诏令，命令各省官员广泛收集前朝有影响的书籍和本朝的著作。诏令说："今内府藏书，插架不为不富。然古今来著作之手，无虑数千百家，或逸在名山，未登柱史，正宜时采集，汇送京师，以彰千古同文之盛。其令直省督抚会同学政等，通□所属，加意购访，庶几副在右渠，用储乙览。"由此，揭开了收集古书籍的序幕。不过此时朝廷的诏令只注重对古书的收集，对编撰整部大型的百科大丛书尚没有明确的设想。从安徽学政朱筠上书乾隆帝以后，才真正掀起了全国规模的对书籍的编撰整理和校订工作。

朱筠是乾隆年间安徽省的学政，他是顺天府大兴县人，精通经学，才学出众，曾先后担任过翰林院编修、乡试主考官、会试同考官等文化官职。他很早就很器重提出《儒藏说》的周永年，到了安徽后，与当地的汉学大家过从甚密，又鼓励当地的文人士子致力于古学。因此，催促访书的诏令一下，朱筠就立即响应。每到一州一县，他总要不遗余力地仔细搜寻，没过多久，他就采集到各类著作十七八种。乾隆三十七年年底，他把自己所收集的书籍的名单上报，一面将自己对收集古书的一些设想写成奏折呈给皇帝，希望能够被采纳，进而得到推广。

朱筠的建议主要包括四点：一、注意收集罕见的旧刊刻本和抄本。二、充分利用皇家藏书。一方面公布皇家的藏书目录以便地方官员收集其所欠缺的书目；另一方面派人从内廷收藏的《永乐大典》中，辑录已经亡佚的古籍，让人们看到更多的古书原本。三、著录与校勘并重。四、除书籍外，对金石碑刻的文字和图谱也要留心收集，以补文献资料的不足。朱筠的上述建议，尤其是第二、三两项提出了保存与整理古籍的重要措施，很有学术价值。

清朝皇室的藏书是非常丰富的，仅藏书库就有皇家成、昭仁殿、景阳宫等十余处，藏有许多真本秘籍。朱筠所说的《永乐大典》修成于明朝永乐六年，后人誉为"我国古代最大的百科全书"。它广泛摘录了历代图书"上自古初，迄于当世"，经史子集、释藏道经、天文地志、医药戏剧、工技农艺，无所不包。更难得的是当年修书时严格规定，对所辑录各书不可任意删改，必须按照原书整编或整段收入，因此比较完整地保存了很多佚文秘典。大典修成后，共抄副本两部。明末动乱中正版遗失，只剩一部残存的副本在内廷。虽然如此，书中仍然保留了许多清初已无法看到的古书。对这样一部珍贵的类书进行辑佚和著录是非常有意义的，而且与校勘相结合的著录工作既是古典目录学的核心内容，本身又是学术研究的组成部分。大量的文化典籍一经著录，便有了类别和次序，显得一目了然。同时对图书内容、篇章、作者、真伪等予以考证，有利于恢复和保存古籍的原貌，也推动了对学术渊源演变的探讨。

乾隆帝对朱筠的奏折十分重视，命朝中大臣认真讨论，各抒己见，制定具体的政策。谁知大臣们的看法很不一致。大学士、军机大臣刘统勋不以为然，他认为上书之事并非政要，不过是徒增滋扰，主张不议；另一位大学士于敏中却大加赞赏和支持。由此发生了一场争论。在于敏中等人的力争之下，修书派终于占了上风。乾隆三十八年在大臣们的回奏中，首先肯定了朱筠的建议，接着商讨选派翰林官员，开馆校勘《永乐大典》的有关事宜，并呈请批准。乾隆帝很快批准了

这个方案，并要求他们将各省采进的书籍与佚出的书籍一并编入。将来成书就定名为《四库全书》。不久，四库书馆在翰林院内宣告成立，修书的工作正式开始。朱筠作为四库馆臣之一，参加了具体的编撰校订工作。

（三）庞大的修书机构

翰林院坐落在京城东安门外玉河西岸，为元代鸿胪寺署址。翰林院里聚集着大批进士出身的文人士子，他们主要负责记载皇帝的起居言行，编修国史和其他书籍，讲解经史以及草拟国家的典礼文件等。此外，翰林院还有大量的政府藏书。整个院落坐南朝北，阆苑重回，南头深处偏西的一组房屋便用来做四库的馆舍。它东与"清密堂"相对，东南院中是一泓池水，楼阁亭台，布局古朴雅致，是个绝佳的编书场所。

按照清代修书惯例，凡由朝廷撰修部头较大的书籍，都要开设书馆，集中所有撰书人共同撰写。修书馆有各种不同的类型，分别隶属于不同的政府部门。如用编年体形式记载皇帝言行的实录馆，撰修明朝历史的明史馆，分类编撰政府机构执掌事例的会典馆，又有内阁监管；记述重大用兵行动的方略馆（属于军机处）；撰修清宫家谱的玉牒馆，隶归宗人府；而为本朝修史的国史馆则附属于翰林院。有些馆是常年开着的，如国史馆和方略馆，有些为临时而开，如实录馆和玉牒馆，每接修书时则开馆，书成即闭，下次临期再开。还有特开的，即专门为修某种书而开，书成后即撤销，如明史馆、会典馆等。四库全书馆属于后一类，只是它并不附属于任何机构，而是由朝廷直接掌握，足见对其的重视。

为了保证修书工作的顺利进行，四库建立了一整套严密完整的组织体系和编撰制度。馆内最高长官是正总裁，另外还有从旁协助的副总裁。出任总裁的都是宗室亲贵或政府的高级官员。正总裁一般由皇帝的儿子和大学士担任，副总裁由六部尚书或侍郎兼任。但是，在先后任命为总裁的二十几人中，多数人只是挂名而已。如正总裁中名列在前的永瑢、永璇、永瑆三位皇子，他们的主要任务是对修书官员的监督，对实际的修书并没有什么贡献。真正作出贡献的只有于敏中和金简等少数人。总裁之下有总纂官、总阅官和总校官，他们是编撰工作的主持人。总纂官总理编书事宜。总阅官总管各种书籍的审定，总校官总管对书籍的校订。又有总目协勘官，协助勘定《四库全书》总目。总纂官下面是纂修官，分管书籍的编撰、辑佚、编写提要和查勘"违碍"书籍等事。总校官下面有分校官，分任经、史、子、集各类实际的文字校勘工作，如篆隶书、绘图等，则指派专人负责处理。此外，撰修官也兼任分校工作。这些人主要来源于内阁、翰林院等处，担任编撰、校勘工作的多是当时的著名学者。

除了翰林院以外，武英殿也是四库成书的重要场所。武英殿通常被称为造办处，雍正年间改为修书处后奉皇命刊刻书籍，《古今图书集成》就是在这里用铜活字印刷成书的。四库馆在武英殿设立缮书处，专管全书的誊录抄写，设置总校官和分校官查检抄写誊录中的字句脱漏和其他的错误。这里是全馆校对人员最多的地方。乾隆四十八年以后，因为添抄三份全书，又在现在东华门外的云神庙、风神庙分设经、史、子、集四局，置校对、收掌各官，分头抄写。

此外，四库书馆还设有提调官，负责提取翰林院和武英殿两个地方的藏书；有监督官，专管督促书籍的编抄工作；有监造官，管理书籍的刊印装订事宜；有收掌官，管理翰林院、武英殿的书籍出版。

在四库书馆的各个部门中，缮书处的任务最为繁重。它承担着数万册图书的誊写工作。而且每本书都要抄写七份，再加上时间紧迫，缮书处除专职校对官以外，还征用了数千名誊录人员。如此庞大的一个四库馆究竟有多少人呢？根据《四库全书总目》卷首开列的馆臣职名和其他文献记载：从乾隆三十八年开馆到乾隆四十六年第一份全书完成，四库馆一共任命正式馆

员三百六十人。此外开馆期间共征用抄写人员三千八百四十一人，与前项合计，共有四千两百零一人，大大超过了修撰《永乐大典》时的规模。还有一些未见于题名录的撰修、抄写以及四处打杂的办事人员一两百人，只是记载不详，无从考证。但是仅仅从数量上看，我们就可以想象出这是一项多么浩大的工程。

四库馆的组织机构运转得有条不紊，内部人员分工明确、各司其职、互相配合默契。同时乾隆帝还亲自过问有关修书的重大事宜，监督严厉、赏罚分明，对有贡献的予以奖励，对失职者严加处分。《四库全书》耗时不到十年，在当时手抄默写的年代，一部近十亿字的巨著能以这样的速度问世，这与它自身强有力的组织领导机构和乾隆帝的严密监督是分不开的。编撰《四库全书》的书籍大致来源于六个方面：

1.清代皇帝的著作和清初以来奉皇帝命令编撰的书籍，也就是"敕撰本"；其中又分为在四库馆未开启以前已撰和开馆后临时编撰加入的两种。

2.宫中收藏、供皇帝浏览翻阅的皇家藏书，即"内府本"。

3.从明朝《永乐大典》中辑录的佚书，即"永乐大典本"。

4.各省官员在当地购买或者借抄的书籍，即"各省采进本"。

5.民间藏书家以个人名义主动或者奉旨送入馆中的"私人进献本"。

6.当时坊市间最流行的书籍即"通行本"。

以上书籍，前三种统称为政府藏书，后三种则统称为各省公私进书。在书籍来源中，后三种居多。

地方各省的大规模献书是从乾隆三十八年开始的，由于大家仍笼罩在文字狱的阴影之下，在此之前反响甚微。后来乾隆帝下了一道严厉的谕旨，命令各省官员以半年为期限办妥此事，否则唯该督抚是问！经过此番警告后，各省官员才开始积极地收献图书。

民间藏书方面，以享有"文人渊薮"的江浙地区独占鳌头。这里有很多藏书大家。如浙江宁波范氏的"天一阁"，杭州赵氏的"小山堂"和鲍氏的"知不足斋"等等。乾隆帝下令此次征书以这些藏书家为重点。后来听闻扬州商人马裕家中藏有多种唐宋秘本，由翰林出身熟悉典籍的两淮盐政前去商借。此外乾隆帝还大加鼓励私人藏书，对藏书一百种以上的给予奖励。各地采集的图书由总督或巡抚送到北京交给四库馆评定处理。关于评选书籍的标准，乾隆帝早有旨意："择其中罕见之书，有益于世道人心者，寿之梨枣，以广流传。余则选派誊录，汇缮成编，陈之册府。其有俚浅讹谬者，止存书名，汇入总目，以章右文之盛。"这里所说的"有益于世道人心"，是指有利于清朝统治者和君主专制。根据这一原则收集来的图书，连同所动用的内府藏书和《永乐大典》中所辑佚出来的图书，被分为三类分别对待。

清朝历代皇帝的御制诗文，有经过钦定的"敕撰本"，以及乾隆帝认为有重要价值的书，列为"应刻书籍"，除抄入《四库全书》外，还另外刊刻出版，以流传百世。对清朝统治有利、被认为内容合格的作品，列为"应抄书籍"，将原书抄入《四库全书》。不符合上述两条，又不被列为明令禁止的书籍，列为"应存书籍"，原书不收进《四库全书》，仅列在《四库全书总目》的书目和提要里。开始评定时，先由撰修官比较同一本书各个版本之间的异同，选择质量最好的作为底本；校订后写出有关考证；再为每本书撰写提要、叙述作者的生平以及本书的学术价值，将其装订在书的前面；然后注明应刻、应抄或应存的处理意见，送给总撰修官设定，改定后，呈给皇帝审批。经皇帝审阅后，决定收录的书，就交给武英殿的缮书处抄写，誊录好之后，再经过分校、副校和总校，确信没有错误，就可以作为定本，等候装潢插架了。此外，乾隆帝还借征书之便大肆禁书。四库馆

中国古代规模最大的丛书——《四库全书》

中国古籍巨著

臣在修书的同时，也忙于检查各省征集的图书，发现内容有碍的就定为应禁书籍，集中交到军机处。这样仍不放心，在各省书籍发还前，由正总裁带领十三名撰修官，对明代以后的书，逐一自行检查，唯恐稍有遗漏。

那么乾隆帝为什么要在征书之时又大肆采取禁书的行动呢？他为什么对明清之际的著作及其他带有民族思想的作品如此不安呢？要弄清楚这个问题，我们需要了解清王朝建立的过程。众所周知，清王朝是由满族贵族建立起来的。满族原本是我国东北境内的少数民族，其祖先在宋代建立过金朝，是女真的一支。明朝时被称为"建州女真"，明曾在建州设置三卫，清朝的始祖努尔哈赤曾任建州左卫都督，还接受过明朝"龙虎将军"的封号。后努尔哈赤实力不断扩张，建立了后金政权，遂与明朝抗衡。1636年，其子皇太极称帝，改国号为清。1644年，清朝统治者入关取代了大明王朝。我国是个多民族的大国，在中国历史上，少数民族建立政权的事情屡见不鲜。但是由于封建时代人们固有的民族偏见，一直存在"华夷"之辨和"正统"的问题。虽然清朝取明朝而代之，但是仍有不少汉族大臣从这一观念出发，不承认清朝是"正统"，企图推翻清王朝的统治。而在清朝初期，统治者利用暴力推行了一系列的民族高压和民族歧视的政策，大大激发了民族矛盾，引发了风起云涌的反清复明的斗争。康熙后期，斗争逐渐平息，但民族思想和有关明清之际史实的记载还大量保存在当时人的著作中。

乾隆帝下令修书时，清王朝已统治中原一百多年了，政权已得到了稳固。但是清统治者依旧对此事疑虑重重，认为让人们了解了清与明早期的关系和清初的反抗斗争的真实情况，会威胁到清朝的统治。所以随着征书活动的逐步展开，便利用这一机会对全国所有的书籍进行审查，彻底消除这些有可能对清王朝不利的书籍。乾隆三十九年秋，从各省征集的书籍已超过一万部之多，乾隆帝认为时机已经成熟，于是公开打出了"查缴禁书"的旗号，发动了这场规模宏大的禁书活动。

（四）《四库全书》的修撰：鸿才儒学汇聚一堂与七库藏书

清政府的四库馆中聚集了来自全国各地富有名望的学者，有史学家、经学家、还有精通天文和地理及金石考古方面的人才，真可谓是鸿才硕学汇聚一堂。其中，首当其冲的是人称"一代文宗"的总纂官纪昀。纪昀，河北直隶人。当时被称为"河间才子"。纪昀博学多才，学问渊博，文采过人，曾任乾隆的文学词臣。乾隆三十六年土尔扈特部返回祖国，纪昀以"土尔扈特全部归顺"题诗作赋，深得乾隆帝赏识。四库开馆时他被任命为总纂官。他在馆期间以全部精力致力于修书活动。对四库编撰作出了重要贡献。全书的体例、分类，《四库全书总目》的撰写等都由他亲自确定，几万篇提要，也都由他润色增减改定。由于纪昀的博学多才，因此在评定图书的时候，可以取其精华、弃其糟粕各得其要旨，全文首尾呼应。由他执笔的《进书表》是一篇很出色的骈文，就连乾隆帝见后都大为赞赏。修纂四库是很辛苦的，纪昀在《进书表》里所述"禁中方警，起蓬馆以晨登；鹤签严关，焚兰膏以夜继"描述了馆臣们晨起夜寐的紧张修书生活。除了纪昀以外，还有纪昀的得力助手陆熙熊，他为《四库全书》的考订和提要的编写做了大量的工作。陆熙熊以其严谨的治学态度和深厚的文学素养为各种图书写了考证，作者生平考察撰记，归纳书中的精华要义。编写书目提要，花费了很多时间和心血，此外还有校勘《永乐大典》的三个撰修官戴震、邵晋涵、周永年等人。戴震是经学大师、皖派汉学领袖，他擅长考证，具有朴素唯物主义思想，其学术研究与一般的汉学家相比，具有较深的思想内涵。邵晋涵是著名的史学家。他以《册府元龟》等书为蓝本，从《永

中国古代规模最大的丛书——《四库全书》

57

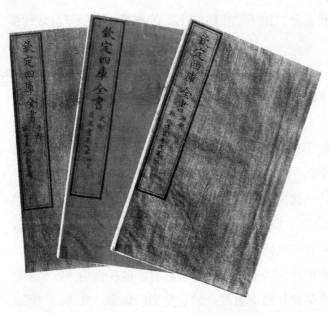

乐大典》中辑佚出失传已久的薛居正的《五代史》，即《旧五代史》。他有较深的文学素养，记忆力超群。在修撰《四库全书》时，不论总裁问到哪一历史事件，他都能立刻将该事件在哪本书的哪一页准确无误地说出来。他为修撰四库做出了很大的贡献。周永年著有《儒藏说》，他是全国大规模搜集收藏古书的倡导人。他无论酷暑严寒，每日挑灯夜战，终于将刘敞、刘放兄弟的《公是集》和《公非集》等罕见的古书从永乐大典的残本中辑录出来，为校勘《永乐大典》做出了十分突出的贡献。除此以外为《四库全书》的编撰成书做出贡献的，还有于敏中、金简、陈际新、李潢等人。《四库全书》是众多学者辛勤合作的产物，是他们心血的结晶。

　　《四库全书》修成后，乾隆帝分别兴建了七座藏书楼，它们分别是位于北京皇宫之中的文渊阁、位于北京西郊圆明园的文源阁、承德避暑山庄的文津阁，此外还有位于盛京的文溯阁、江苏扬州的文汇阁、镇江金山寺的文宗阁和浙江杭州西湖的文澜阁。文渊阁是仿照浙江宁波的天一阁所造。早在乾隆三十九年，乾隆帝就开始考虑《四库全书》的贮藏问题。他意识到要完整妥善地保存这部大型丛书，需要建筑专用的藏书楼。他命杭州织造亲自前往宁波考察天一阁的建筑结构和书架样式，用尺子丈量，进而绘成标准的图样以便效仿。在这些藏书阁中，文津阁和文源阁首先竣工，接着又在宫中修建了文渊阁，随后沈阳的文汇阁也宣告竣工。这四座皇家藏书楼的建筑形式和结构均仿照范氏的天一阁，但也有自己的特色。以文渊阁为例，虽然外观与天一阁相似，共两层，但实际上是三层，上下层之间多设一个暗层，以便图书的保存。其他三阁的形式与文渊阁基本相同。每建一阁，乾隆帝都要亲自撰文记述修书的原因和建阁的经过，并刻石立碑。经过装帧而进入七阁的《四库全书》都是很精致美观的。首先全书的抄写格式是统一的，书页为"朱丝栏"，用端正的小楷抄写。用纸也很讲究。由于《四库全书》的篇幅较大，装帧时对经、史、子、集用不同颜色的绢面包装，以便对他们加以识别。此外用四季的颜色来标志书的不同部类。绿色用来标示经书，红色用来标示史书，白色或浅色用来标示子书，集书则用黑色或深色来标示。《四库全书》自进入七阁以后，便与七阁命运与共，乾隆以后，清朝统治开始衰落，内忧外患，《四库全书》的遭遇，也是多灾多难的。七阁藏书都没有完整地保存下来，大部分遭到不同程度的损毁。

《四库全书》完成至今的两百年间，中国历经多次动乱，多份抄本在战火中被毁。其中文源阁本在 1860 年英法联军攻占北京、火烧圆明园时被焚毁，文宗、文汇阁本在太平天国运动期间被损毁；杭州文澜阁藏书楼于 1861 年在太平军第二次攻占杭州时倒塌，所藏《四库全书》散落民间，后由藏书家丁氏兄弟收拾、整理、补抄，才抢救回原书的四分之一，于 1881 年重新存放入修复后的文澜阁。文澜阁本在民国时期又有一次大规模修补活动，目前大部分内容已经恢复。因此《四库全书》至今只存 3 套半，其中文渊阁本原藏北京故宫，后经上海、南京转运至台湾，现藏于台北故宫博物院（也是迄今保存较为完好的一部）。文溯阁本 1922 年险些被卖给日本人，现藏于甘肃省图书馆。避暑山庄的文津阁本于 1950 年调拨到中国国家图书馆，这是目前唯一一套原架原函原书保存的版本。而残缺的文澜阁本则藏于浙江省图书馆。

中国古代规模最大的丛书——《四库全书》

二、《四库全书》的内容

（一）丰富的内容——经史子集杂部

《四库全书》的内容是十分丰富的。全书收录的书籍有三千五百多种，内容亦是包罗万象，堪称中国古代图书的集大成之作。按照内容分类，包括四部44类66属。

分经、史、子、集四部，故名四库。经部包括易类、书类、诗类、礼类、春秋类、孝经类、五经总义类、四书类、乐类、小学类10个大类，其中礼类又分周礼、仪礼、礼记、三礼总义、通礼、杂礼书6属，小学类又分训诂、字书、韵书3属；史部包括正史类、编年类、纪事本末类、杂史类、别史类、诏令奏议类、传记类、史抄类、载记类、时令类、地理类、职官类、政书类、目录类、史评类15个大类，其中诏令奏议类又分诏令、奏议2属，传记类又分圣贤、名人、总录、杂录、别录5属，地理类又分宫殿疏、总志、都会郡县、河渠、边防、山川、古迹、杂记、游记、外记10属，职官类又分官制、官箴2属，政书类又分通制、典礼、邦计、军政、法令、考工6属，目录类又分经籍、金石2属；子部包括儒家类、兵家类、法家类、农家类、医家类、天文算法类、术数类、艺术类、谱录类、杂家类、类书类、小说家类、释家类、道家类等14大类，其中天文算法类又分推步、算书2属，术数类又分数学、占侯、相宅相墓、占卜、命书相书、阴阳五行、杂技术7属，艺术类又分书画、琴谱、篆刻、杂技4属，谱录类又分器物、食谱、草木鸟兽虫鱼3属，杂家类又分杂学、杂考、杂说、杂品、杂纂、杂编6属，小说家类又分杂事、异闻、琐语3属；集部包括楚辞、别集、总集、诗文评、词曲等5个大类，其中词曲类又分词集、词选、词话、词谱词韵、南北曲5属。除了章回小说、戏剧著作之外，以上门类基本上包括了社会上流布的各种图书。就著者而言，包括妇女，僧人、道家、宦官、军人、帝王、外国人等在内的各类人物的著作。

《四库全书》在经部收集儒家经典，注释与讨论经学家的著作，同时还收录为读经治学的小学之书，共分十大部类。

一、易学类主要是指《周易》及其相关著作，《周易》是古代占卜书的一种，书中包括许多当时社会生活的经验哲理；二、书类，主要指《尚书》及其他相关著作，《尚书》是中国古代历史文件的汇编；三、诗类是指《诗经》及其相关著作，《诗经》是西周诗歌名篇的总集；四、礼类，《周礼》《仪礼》《礼记》及其相关著作，三礼是反映儒家理想社会中的秩序和礼仪；五、春秋类，《春秋三传》及其相关著作，《春秋》是记载公元前722年—公元前481年鲁国历史的编年体史书；六、孝经类是指《孝经》及其相关的著作，《孝经》是论述封建孝道、宗法思想的书；七、五经总义类，指儒家各种经典的综合研究性著作；八、四书类，即《论语》《中庸》《大学》《孟子》及其相关的著作；九、乐类，即关于古代音乐理论和古乐器的著作；十、小学类，即研究形音义的语言学文学著作。

史学收录的是题材各异的历史地理以及目录学著作。

正史类（经过历朝皇帝批准的纪传体史书和相关的训诂类的著作）、编年类（按时间顺序记述历史事实的史书）、纪事本末类（以历史事件为纲的史书）、别史类（体例与正史相仿，

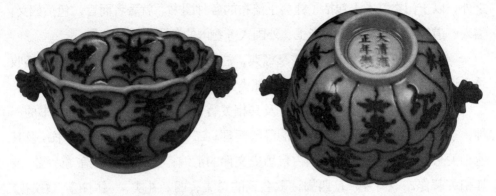

地位在正史之下）、杂史类（体例不一、杂记各种历史事件的书籍）、诏令奏议类（皇帝颁布的诏令和臣下进呈的奏章）、传记类（记载一人或多个人历史资料的书）、史抄类（摘抄一种或各种历史而成的书）、载记类（所记载的非正统王朝和外国历史的书籍）、时令类（介绍时令顺序及其相关事物的书籍）、地理类、职官类（关于一代或几代官吏设置、政府结构的书）、政书类（记载历代典章制度的书籍）、目录类（书籍与金石目录）、史评类（即史学通论和评论史书史事的著作）。

子部收集的是自先秦以来诸子百家的著述，但是不包括宗教经典。共分十四类。

儒家类（以儒家学派的立场来讲学论经，讨论儒家行为规范的书），兵家类（辑录兵法理论、军事技术以及兵器的书籍），法家类（主张法治的法学著作及其有关法律方面的著作）；农家类（关于农业耕作技术方面的书籍），医家类（有关医学以及方剂等相关医学知识的著作），天文算法类（关于天文数学的书籍），术数类（占卜书籍），艺术类（书法绘画及其他艺术方面的著作），谱录类（生物、植物食品等的图谱或者词典），杂家类（墨家著述及很难归入其他类别的书籍），类书类（摘录的各种资料以一定的方式编辑排列，以便检索之用的书），小说家各类（各种笔记、杂考、随笔等的合集），释家类（佛教徒的著作，但是不包括佛家经典），道家类（不包含道教经典在内的有关老庄和道教学派的书）。

集部收录的是历代学者、文人墨客的诗文集以及词曲、文学评论方面的著作：楚辞类（楚辞及其相关研究方面的书籍）、别集类（相当于在全集中只辑录一个人的全部诗集，有的还掺杂一些零星的专著）、总集类（多个文人所作的诗

中国古籍巨著

文的汇编)、诗文评类(文学史料、文学评论及文学方法论)、词曲类(不包括曲文在内的一个人或多个人的词集,诗、曲评论及词曲创作的理论和格式用韵方面的书)。在一些较为复杂的类下又划分子目,也就是"属"。十五类下划分属,计六十五属。例如:史部传记类下列"圣贤(儒家最早的几个深受尊崇的人物)""名人""总录""别录"之属,地理类下列"宫殿属""都会郡县""河渠""古迹""杂记"等属,子部谱录类下列"食谱""器物""花鸟鱼虫"之属等等。总之,《四库全书》中的内容是十分丰富的,它涵盖了我国地理、历史、社会、天文、哲学、宗教、民俗、艺术、政治制度等各个方面的重要著述,比较全面地反映了我国当时社会发展的全貌和各个领域所取得的成就。

如果从所收著述者的情况来说,同样是丰富客观的。从时间上说,上至远古,近至明清,各代文人的著作应有尽有。只是在收录清人的著作时,有一定的限制:除皇帝"御制"之作和敕撰书外,对当时尚在世的人的作品概不收录。就作者的身份而言,有封建帝王的作品,如梁元帝的《金楼子》、宋高宗的《翰墨志》、清高宗的《乐善堂文集定本》等;亦有皇后的作品,如明朝仁孝皇后的《内训》;有个别僧侣的著述,如唐代玄奘大师的《大唐西域记》、宋僧普济和尚的《五灯会元》;此外还有道教徒的作品,如宋朝杨至质的《勿斋集》等。而书中收录最多的还是历代王朝封建官吏和地主阶级知识分子的著作。但是四库全书也并非无所不收。清朝统治者编撰这部大丛书的目的,是向人民灌输统治者的思想,这就决定了它在政治上要有所选择。总的来说,宣扬儒家思想的儒家文献,占有特别突出的地位,而具有明显进步思想的文献,则被视为"异端",弃而不取,亦或间有收录,也是要借此对其所代表的思想加以鞭挞。例如东汉时著名的唯物主义思想家王充著有《论衡》,这是一部尽人皆知的古典哲学著作。但对于书中《问孔》《刺孟》等大胆地向儒学思想质疑的篇章,提要里却说它"与圣贤相轧,可谓悖矣"。明末思想家李贽敢于批判孔子的学说,反对封

建礼教，被说成是"罪不容诛"。他的《藏书》《续藏书》等多种著作被一概排斥在《四库全书》以外。再如在清朝素有"清初三先生"之一之称的黄宗羲的《明夷待访录》，很多地方批判封建专制主义，主张民主和法治。书中说，天下的大害就是君主，如果没有君主，人民就能安居乐业。他的这种思想为清朝统治者所不能容，所以不但《四库全书》不收，在社会上也不能长期流传。至于对带有民族思想的作品，就更是痛恶至极了。

　　全书收录了五种妇女的著作，有宋代著名女词人李清照的《漱玉词》，另有一部《薛涛李冶诗集》，是唐代两位女诗人作品的合集，其中李冶是一位女道人。还有不少少数民族学者的著作，如元代蒙古族纳新的《河朔访古记》和萨都剌的《雁门集》等。《四库全书》中还收录了朝鲜、越南、日本、印度、比利时、意大利等来自九个国家的学者的十几种著作。其中比较知名的有日本学者山井鼎、物观的《七经孟子考文补遗》、意大利人利玛窦的《乾坤体议》、德国人汤若望的《历法新传、新法表异三种》。这些学者多是明清时期来华的传教士，《四库全书》收录了他们在自然科学方面的著作，对其传来的天主教义则不收入。

中国古籍巨著

三、《四库全书荟要》

（一）修书的原因和经过

在编撰《四库全书》的同时，还产生了许多副产品，如《四库全书总目》《四库全书荟要》。它在采择编选以及分目提要方面都与《四库全书》有很多相似之处，因此又被称为《四库全书》的姊妹篇，但由于成书时间较早，因而又具有自己的特色。

乾隆三十七年，《四库全书》刚刚开馆不久，全国大规模的征书活动已经展开，馆内的各项工作也已经正常运行，乾隆帝考虑到《四库全书》篇幅规模较大，为了方便查阅，因此撷取《四库全书》书中的精华编写成《四库荟要》。《四库荟要》与《四库全书》相辅相成、各有所用。表面上看，乾隆帝编撰《四库荟要》是为了把所有的重要典籍汇于一处以方便观看阅览，但其背后仍有一个鲜为人知的理由。乾隆决定编撰《四库全书》时年事已高，但仍旧野心勃勃，欲撰写成一部中国历史上前所未有的大型丛书，以凌驾于前代帝王之上。乾隆知自己命不长久，想尽早看到修书的成果，于是下令编写了这部《四库全书荟要》。

乾隆帝任命四库总管于敏中、王继华专门负责《四库全书荟要》的编辑工作。《四库全书荟要》的编写机构，基本上由校对官组成，另外还有一名总校兼编撰官。《四库全书荟要》的工作人员中大都是四库的馆臣，可以说，《四库全书荟要》编辑处，实际上是由四库馆臣临时组成的一个分支机构。

从提名录的情况来看，四库荟要处提名录也仅仅是反映了当时参与编撰人员的大致情况，有很多曾在此任职的官员未被提名。如四库总馆臣于敏中虽然被乾隆帝委以重任，但未被提名，此外参与校对的分校和总校的人员有近一半人榜上无名。由此可见，四库全书荟要处的实际组织机构比我们想象的要大得多。

四库全书荟要处的总裁大臣们按照乾隆帝的意旨制定了《四库全书荟要》的选编宗旨，即"于《四库全书》中取其优醇者，务在简而能赅，宁缺毋滥"，以"撷著述之精华，作艺林之珍秘"。总裁大臣们根据这一标准，对收入《四库全书荟要》的各类书籍进行了精密的筛选。

经部。首先列入经部首选的是清朝历代皇帝"御纂""御注""钦定"的各种书籍和十三经注疏，其他的则按照以下几个原则进行筛选。

第一，比较注重反映经学源流的著作。我国经历了漫长的封建社会，在封建社会里，经学也几经变迁，流派不一，立说也各不相同。《荟要》主要选录反映经学源流和各个不同派别的著作。第二，注重选取有代表性的著作。由于受统治阶级的推崇和扶持，经学在封建社会得到畸形的发展，各种解经书籍如满天繁星、数不胜数。四库馆臣在选取书籍时，非常注重书籍的代表性。以小学为例，作为经书的副产品，小学随着经学的发展也繁荣起来，各种字书、韵书一类的著作数量巨大。第三，崇尚实证。面对经学中长期存在的汉、宋两大学术派别，《荟要》馆臣本着不偏不倚的公正态度，但事实上，在书籍的选录过程中，却明显地出现了各种摒弃空疏、崇尚实证的倾向。如有关《诗经》的研究，馆臣们认为，"《诗》必先明山川方域而后能辨士风"，"他如鸟兽草木，悉之多识，期间音训同异，尤于经义攸关"，因而《荟要》要特别开设"专论地理"和"专论名物"两个子目，收录《诗地理考》《诗集传名物抄》等著作。

如在研究《三礼》方面著作的时候，馆臣们则特别偏重于选择能够诠释名物典制的书籍。他们认为宋代儒学在注释《礼》的时候，多推求文句和阐发义理，但对训诂制度研究得不够。汉代的儒学离我们并不遥远，如所谓某字当作某解，某制即今某制者，言之有

中国古籍巨著

证。所以朱子说《礼》，亦不能废郑、孔。"今首列注疏，他如聂崇义《三礼图》，足与注疏相证者，亦存备考。"所谓"尽汰卮言珍必栗"的主要，主张"诸书皆取其有裨时学者"，鲜明地反映了四库馆臣的学术倾向。

经部书籍的选录取舍，除了有一定的选取规则以外，皇帝的旨意对其也有一定的影响，并且往往起着决定性的作用。如《荟要》中不收录有关《尚书·洪范》的著作，不收录元王元杰的《春秋献义》等著作，认为他们大都是牵强附会或者"晦经蚀义"或是"殊乖笔，削大旨"，执行的都是乾隆帝的命令。由此可以看出，清朝的帝王对《荟要》编撰工作的控制也是颇为严格的。

史部。《四库全书荟要》的编撰工作正值禁书活动进行之时。在禁书活动中，许多有价值的历史书籍由于触犯了清朝统治阶级的利益而被篡改甚至销毁。馆臣在辑录史书时，自然也倍加小心，以至于"慎之又慎"了。首先"钦定"二十四史，因"正史体尊，义与经配"，学者"流观运会，取古证今"，可以"考一代之兴衰，存百世之鉴戒"。除此以外，则尽可能选录本朝"敕撰"和"钦定"的书籍以及皇帝的著述。如诏令共收录八种，都是清太祖至雍正皇帝的圣训、廷训谕旨一类的著述。法治的仅收录四种，也都是"钦定"书籍，如《大清会典》《大清通礼》等。编年类的共收录八种，其中有五种"御批""钦定"。《四库全书荟要》共辑录书籍七十种，即使不把二十四史辑录在内，其余仅有的四十六种中，也有二十四种"钦定"之书，数量竟然多达一半以上。这种大量的收录"钦定之书"的做法，可以减少馆臣们承担的风险，但一些重要的书籍也同时被排除在《荟要》以外。如《元和郡县图志》《西汉荟要》《唐荟要》等重要典籍都是研究古代典章制度的重要书籍，《荟要》却均未将其收录。

子部所包含的内容是四部当中最为庞杂的一部。为了选录精华，《荟要》馆臣们制定了"大旨皆不诡于正"的总原则。在这个基础上，适当地兼收并纳来反映诸子百家的风貌。如法家，《荟要》录《管子》《韩非子》二书，以其

"不甚谬于理，而时或窃见古圣者之绪余"。杂家则收录了《淮南子》以下六种"是非疑信之间，亦贵忠于礼要而已"。就连不入流的小说家也予以收录。辑录《拾遗记》著书七种。但对某些宗旨与儒家正统思想迥异的学派及其论说著述则采取轻蔑态度加以排斥。如佛教作为一种外来宗教，尽管曾在维护封建统治秩序方面起到过一定的作用，但是其基本的教义仍与儒家思想不尽相同，所以《荟要》全书皆未收录。其中有关释门典故如《法苑珠林》等以其"可助词章"，《全书》中采取之，而《荟要》"别择较精，亦未暇及也"。又如墨家，其说素为"儒家所不道"，《荟要》虽延前代史志之例、列其书目，但也只是为了"存其书以示戒，使人不误入其说"而已。总之，"百家近正言方取"，其余，"义理为存而词采各观者，则但录入《全书》，兹无取焉"。这恰恰反映了《荟要》馆臣坚持维护封建正统思想的编选立场。

　　集部。首先入选集部的是清朝历代皇帝的"御选""钦定"等各种著述及诗文集等。除此以外，《荟要》馆臣还注意从历代流派冗杂、种类繁多的诗文和别集中，选出比较具有代表性的作品。以此来反映此期间的学术流变及大致风貌。他们认为，"文至六代而衰。唐始复振，诗盛于李、杜，而王维、刘禹锡、李商隐等羽翼之；文盛于韩、柳而权德舆等羽翼之。至宋而徐铉、稍变五代之格，欧、曾、王、三苏大振其绪，梅尧臣、陆游等先后继起，亦称一时之作者。今并录其集，用以考见源委。其他如唐之陆龟蒙，宋之文同、张孝祥、王慎中、归有光、李攀龙等亦均已正派相乘，为一代冠冕，悉宜并存"。至于"理学诸儒如周、张、程等其精华已具于诸经传注及性理各书，文章乃其余事，毋庸重录"。如此选择应该说是比较具有代表性的。其他的各类如总集收入《文选》《唐文萃》《宋文鉴》等十余种，也比较经典。但在集部的筛选中，仍可以看到禁书活动对其产生的巨大影响。《荟要》辑录诗文集，自称"始之六朝下，迄于胜国"，至于清代诗文方面的著述，则一概未予收录，原因是《荟要》之编，务在简约，故阙之"。但是实际上，《荟要》收录别集

中国古代规模最大的丛书——《四库全书》

的下限仅到明代的中期，明末以降直至清朝初年，期间一百多年中众多文人学士的诗文著述，未被收录。这明显是受到了禁书中所谓的"违碍""悖逆"之影响才如此大加摒弃的。《四库全书荟要》的馆臣对书籍的选择总的来说还是比较精当的，中国古代的重要典籍和图书基本包括在《荟要》以内。但是由于该书在选编过程中受到了禁书活动的影响，加之编撰的目的是为了供皇帝阅览，所以馆臣在辑录书籍的过程中也就格外地谨慎小心，不但要让皇帝满意，而且还不能触犯忌讳，于是造成了《荟要》的入选书籍大都是"钦定""御纂"，而一些重要的典籍却悉数缺席。

中国古籍巨著

（二） 《四库全书荟要》的校订与缮录

《荟要》设立誊录两百名，并设立分校对十二名，专门负责《四库全书荟要》书籍的校订和誊录工作。四库荟要书馆规定，每人每天誊录一千字，这样荟要处每天就可誊录二十余万字，然后由十二名分校官加以催收校订，之后再与四库全书缮成校对完毕的四十万字书一起送到武英殿装潢检查，以便随时呈给皇帝阅览。但是这样的辑校工作存在很多弊端，以至于出现了全部书籍满纸讹误的现象。乾隆帝翻阅第一批《四库全书荟要》的缮本，发现有两处错字，龙颜大怒，责成总裁大臣"妥立章程，俾各尽心校录无讹"。按照乾隆皇帝的意旨，总裁大臣制定了《功过处分条例》并且决定在《四库全书》和《四库全书荟要》两处分别设立分校，以便加强校对的准确性。《四库全书荟要》缮本处还添派副校官六名，分别从现在校对精确者中选派担任，分校的空职另外找人填补。在一定程度上提高了《荟要》缮本的质量。但是这种按部就班的校对工作并没有持续太久。由于乾隆帝急于求成，总裁也一味追求速度，破例允许候补的誊录自备一些誊录员，导致誊录人数大量增加，每天的誊书量也直线上升，造成校对人数严重不敷的现象。乾隆四十年又急增八位分校，以解燃眉之急。不久，又陆续将分校增加至二十二人，复校增加到十二人。但分校、副校这样层层勘磨的方式不适合大规模的缮录工作，不仅"多一层转折，即多数日稽迟"，而且"分校""复校"相互倚持，导致了虽然校阅人员大量增加，但仍没有办法解决校勘字书"亏债累累"以及所校之书"仍多讹误"的问题。同年十二月，《荟要》总裁大臣经过反复商议，由四库全书荟要处每天设定当天校对书的任务总量，然后让各个分校官催收，校对后再送给复校官复阅，由复校官开具证明、装订成书、登记造册，再经过总裁"稽核进呈"，这种层层勘磨的方法将副校改为分校，并且将选定的两百名誊录人员分派到各个分校名下，大致为一个分校六个誊录，这样"每日仅各收缮书六千字，尽可从容详校。"另外，为了保证校订质量，添设了总要两人，各自负责。凡各个分校已经校订的书汇交成册，由提调分发给两个总校，细加勘磨改正谬误，登列黄签，放到各个书籍之上，以专责成。总裁随之抽阅，每三个月向皇帝回奏一次。从此以后，基本解决了校对不敷的矛盾，做到了随缮随校，保证了《四库全书荟要》缮校工作的顺利完成。

在总裁和所有四库荟要成员的努力下，《四库全书荟要》的各项工作基本进行顺利，每本书籍在复核校勘后，即送到武英殿进行精心地打磨装潢。在装帧形式上也采用包背装，而且严格按照四库全书馆制定的"经史子集四部各依春夏秋冬四色"的装潢原则，至于《四库全书荟要总目》则以"香色用寓中央之义"，强调其提纲挈领的重要地位。为了方便保存，馆臣们特别选用质地坚硬的红木做书匣，再配上甲板、束以绸带、将每几千册书置于其内。如果有不同的书置入一个书匣内，则用隔板隔开，以做区分。

早在乾隆四十三年，第一份荟要已经顺利完成。而第二份荟要在乾隆四十二年七月陆续缮成三千两百余册，乾隆四十四年七月，第二份荟要已经陆续完成，截止到十二月，所有的《四库全书荟要》应办理的各项书籍均已进呈完毕。

《四库全书荟要》完成以后，仍然有少量书籍由于种种原因尚未被及时收录，因此在其后的数年间进行了一些补遗副校的工作。需要增补的各种书籍中，大部分是史部著作。有的是因为原书的内容不够详备，需要再进行增补，有的书籍由于重改译音而延误了时间，此外还有个别的书籍是在《荟要》完成之后才决定增加的。至补遗工作结束之时，共有十一种书籍被补入荟要之中，其中史部九种，子部、集部各一种，使《四库全书荟要》收录的书籍基本上都做到了完整无缺。在此基础上，又进行了几次大规模的复校工作。《四库全书荟要》成书以后一直深藏于禁宫，直到清朝末代皇帝溥仪退出故宫，才为世人所见。1933年，故宫博物院将《荟要》的书目、册数等公开发布在了《故宫殿本书现存目》中，这是成书近两百年来首次被公开披露。后经大量学者的不断研究认为，《荟要》除了选书精当，与《四库全书》一精一博，而且在许多方面可以与《四库全书》互为参考。但是可惜的是，味腴书屋的《荟要》已于咸丰十年被英法联军烧毁，目前仅有摘草堂的一部存于台湾，是人间的孤本，弥足珍贵。

中国古籍巨著

四、《四库全书总目》

（一） 《四库全书总目》 修撰的原因及其过程

大家不禁要问，《四库全书》体系如此庞大，如果想了解其中某些书的大概内容，又不可能对书逐本翻阅，那么是否有其他更加简便可行的办法呢？其实有的，那就是先查阅《四库全书总目》。

《四库全书总目》也称作《四库全书总目提要》，是一部由《四库全书》各类提要和目录分类两方面内容合成的大型目录学丛书。

1. 编撰起因

《四库全书总目》是随着《四库全书》的编撰而逐渐编写出来的。早在乾隆三十七年征书活动刚刚开始之时，乾隆皇帝就命令各省巡抚将各书逐一序列目录，注明此书系某朝某人所著，书中的要旨是什么，以及成书的年代。这是为了方便皇帝了解其中各种书籍的内容梗概，决定取舍，要求并不甚高。后来乾隆皇帝采纳了朱筠的建议，决定设立四库书馆，编修《四库全书》时，目录的编撰问题就被提到了日程之上。朱筠从整理古籍的角度，建议编写提要"每一书上，必校其得失，撮举大旨，叙于本书首卷"，意思是说不但要说明内容大意，还应该评价该书在学术方面的优劣，得到采纳。当时四库馆臣对征集来的书籍，不论是否采入都要撰写提要，放在每种书的前面，同时研究讨论该书的体例及分类。此外出于对《四库全书》编撰的需要，撰写一部总结性的目录著作也是十分迫切和势在必行的。其次是乾隆时期的学风特征，对目录学的编撰也有着重要的影响。四库开馆之时，在馆内担任撰修和辑佚工作的大都是当时赫赫有名的汉学家。负责总撰修工作的纪昀，也是精通诸

子百家的学者。因此梁启超说："四库馆就是汉学家的大本营，《四库提要》就是汉学家的思想的结晶体。"由此我们不难看出，汉学对提要编撰工作所产生的巨大影响。最后，我国传统学术自身的延续和发展也迫切要求当时的目录著作能够承担起"辨章学术，考镜源流"的责任。我国的学术以经学为主线，经历了两千多年的发展历程，从汉代的经学到魏晋玄学、隋唐佛学、宋明理学直至清代的汉学，期间所经历的流变、兴衰都要做出适当的评价。那么《四库全书》既然要囊括清乾隆以前的历代典籍，对中国传统学术的总结也就势在必行。

《四库全书》开馆伊始，总裁综合各方面的因素决定从《永乐大典》内辑出各书进行提要的目录。提要稿首先由各位撰修官分头起草，然后交给总撰修官纪昀改定，送给皇帝审阅。后来皇帝指出提要除分别附入本书以外，还应单独汇编成一部专书，由纪昀审查核定，贯一全文，并对目录分类加以编排，这样《四库全书总目》就诞生了。

（二）《四库全书总目》在目录学方面的成就

四库全书定本共有两百卷，辑录提要一万零二百五十四种。其中除被著录的图书提要三千四百六十一种以外，还有列为存目书籍的提要六千七百九十三种。此书的卷首还有乾隆皇帝对办理四库全书的历次谕旨，四库馆臣的进书表、馆臣职名和《总目》范例。每一部书前面有总序，每类之前有小序，存目书的提要附在同部类著录书提要的后面。四库全书是经众多学者历经二十年之久编撰而成的，显示了一代文人志士的学术精华。它与明末清初以来学风的变迁相适应，摒弃空疏、崇尚正史求真，反映出明显的重汉轻宋的学术倾向。它较好地继承并且发扬了中国古代目录学的优良传统，汇众书为艺术，将传统目录学推向最后的高峰。正如余嘉锡所评论的，《四库全书总目》"叙作者之爵里，详典籍之源流，别白是非，旁通取证，使瑕瑜不掩，淄渑以别……至于剖析条流斟酌古今，辨章学术，高挹群言，尤非王尧臣等所能望及项背。故曰自别录以来，才有此书，非过论也"。

但是，《四库全书总目》产生于封建专制时代，又是在皇帝直接控制下编撰的，所以也就不可避免地要抹上时代的色彩，打上阶级的烙印。鲁迅先生曾经很深刻地指出，《四库全书总目》"其实是现有的较好的书籍之批评，但必须注意到的是其批评是'钦定的'"。这一评论是符合实际的。这就决定了它必然会通过书籍的取舍，以及书目提要、分类排列，乃至议论评价等方式，来直接反映一代学术成果以及统治阶级的意愿和要求，表露出鲜明的政治思想倾向。

1. 提倡封建伦理观念、尊崇儒学，自汉武帝"罢黜百家，独尊儒术"之后，儒家经典便广泛地成为封建统治阶级统治的主要工具。反映到目录学上，无论史志目录，还是官修、私修的各种专修目录，其排列分类都把儒家经典放于首位。《四库全书总目》所不同的是，在把儒家经典放在至高无上地位的同时，对异端思想也大加排斥，而且更加严厉苛刻，更加重视伦理纲常的宣扬提倡。在大肆贬低儒学内部异端思想的同时，《四库全书总目》编撰者还秉承统治阶级的意志，对佛道之类的"外教"著述以及词曲一类的"倚声填调之作"，采取了排斥轻蔑的态度。《四库全书总目》对词曲一类的著述大加排斥，以显示"大圣人敦崇风教，厘正典籍之致意"。与尊崇儒学相辅相成的，则是《四库全书总目》对封建伦理观念的大力提倡和表彰。儒家的名教纲常，是儒学的基础和核心，历来被封建统治者奉为加强专制统治、维护社会秩序的法宝。

2. 重道轻艺，不重视科学技术

在我国漫长的封建社会中，占统治地位的儒家学说一直是不重视生产劳动、轻视科学技术。这种倾向，在儒家圣人孔丘身上得到了淋漓尽致的体现。而且在统治者看来"礼""义""忠""信"为治民之根本，科学和生产技术则不受重视，长期遭到摧残。《四库全书总目》也十分突出地反映了传统儒学重道轻艺的倾向。

3. 封闭自大，不重视了解外部世界

在我国漫长的封建社会发展过程中，由于历史和地理原因，生活在中原地带的华夏民族很早就进入了农耕社会，并形成了以血缘关系为纽带的宗法制度，进而确立了大一统的政治格局。秦汉以后，中国拥有强大的中央政权，先进的科学文化，璀璨的古代文明，领先于周边各国，长期保持着其宗主国的地位。这种历史的、现实的诸多因素，使中国的许多文人士大夫早就产生了一种内向型的文化心理和"中央大国"的优越感，并逐渐形成带有封闭自大倾向的文化特征。反映在《四库全书总目》中，就是极其不重视对外部世界的了解，而这也导致了统治者对外部世界的一无所知。但是《总目》的编纂者对此却没有清醒的认识。

4. 反对空泛，注重实证

明末清初以来，随着汉学的兴起和发展，学术风气也由虚返实，《四库全书总目》也鲜明地反映出了反对空泛、注重实证的学术特征和思想倾向。

这部大型目录书的特点之一是，目录分类精细严密，集中而充分地体现了《四库全书》庞大的知识体系。《四库全书总目》的另一个特点，是具有完备的书目提要和总序、小序。了解《四库全书总目》的特点，我们便可知道它的功用和价值所在。首先《四库全书》的总目录是我们阅读这部大丛书不可缺少的工具书。我们可以通过对它的使用去了解《四库全书》收录了哪些图书，分别分在什么部类，这些书的要点怎么样，由此做到"由书目而寻提要，由提要而得全书"。总之从目录学的编撰角度讲，《总目》体例严谨，提要详尽，广集前人的解题撰写方法和分类法的大成，是独一无二的典范性目录学著作。

中国古籍巨著

五、《四库全书》的"功"与"过"

(一) 《四库全书》在学术界的影响

《四库全书》是我国历史上第一部大型的百科全书，它为我国古代文化遗产的保存与整理作出了十分重要的贡献。

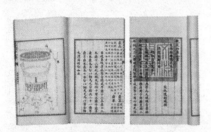

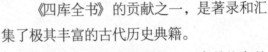

《四库全书》的贡献之一，是著录和汇集了极其丰富的古代历史典籍。

我国是四大文明古国之一，有着悠久的历史文化。最早的古籍到现在至少有三千多年的历史。目前我们可以见到的古籍，仍有七八万种之多。

《四库全书》的贡献之二，是书中保存了很多珍稀的古籍和善本。

《四库全书》的工作人员在挑选全书的底本时，非常注意择善而从之，因此采用了很多世间罕见的宋元甚至更早的刻本和旧抄本，这些珍稀的古本只有很少是来自内府的，绝大多数是在大规模的征书活动中发掘出来的。如宋代的《太平寰宇记》，这是一部宋以后的地志学著作。而从《永乐大典》中辑出的三百八十八种古佚书，则更是全书的精华，有许多价值较高的名著。如薛居正的《旧五代史》等。

《四库全书》的贡献之三，是从学术角度对前朝文化做了一次比较全面的总结。四库的馆臣学者们，在编书之际，力图体现"辨章学术、考镜源流"的修书宗旨。这种评价和总结，集中体现在《四库全书总目》的总序、小序的提要当中。通过这种小序、总序提要相结合的学术性质的总结，本书要旨和相关点被有规则地贯穿综合起来，人们不仅了解了某书的具体内容，还了解到其在当时文化体系中的作用与地位，以及它的学术渊源关系。这样，人们从《四库全书》看到的，就不是一部独立的著作，而是一个有机的知识整体，一个相对完整的文化世界。

《四库全书》在我国学术文化史上占有重要的地位，并且在整理古籍方面为我们提供了宝贵的经验，影响了我国后来的整个学术界。《四库全书》还使目录学一举成为十分兴盛的"显学"。同时《四库全书》对我国的出版刊刻事业也产生了积极深远的影响。

（二）大规模地禁毁书籍及其恶果

乾隆帝在全国大量征收古籍的同时，推行极端的文化专制主义，大量地删改销毁书籍，给我国的文化典籍带来了一场空前的浩劫。

由于清朝的统治阶级害怕人民反清，因此，记载明清之际历史事实的书籍纷纷遭遇灭顶之灾。如张鼐的《辽夷略》等。专制的乾隆帝又认为仅仅是查禁了明末清初的著作是不够的，其他反抗外族入侵的著作同样可以激起人民的反清意识。这样一来，查禁书籍的时期就不止于明末清初而要上溯到宋元了。清朝统治者的大规模毁书禁书，给我国古代文化造成了难以弥补的损失，恶果严重。而明清之际的著作被大量禁毁，几乎使我国 15 世纪到 17 世纪的历史成为空白。更为严重的是文字狱的极端盛行，大大禁锢了人民的思想，严重阻碍了学术的发展。即使到了 19 世纪，我国文坛依旧被"万马齐喑"的沉闷气氛所笼罩。清统治者在文化方面的专制统治，是我们必须予以揭露和加以批判的。

而到了 21 世纪的今天，幸存下来的《四库全书》究竟命运如何，这是关心《四库全书》的人们不禁要问的问题。解放后，我国对《四库全书》做了比较完备的保存工作，将文津、文溯、文澜阁的三部丛书都作为宝贵的文化遗产加以精心保护。文津阁全书一直由北京图书馆收藏，至今保存完好。饱经历史磨难的文澜阁丛书最后落户在浙江图书馆，文溯阁丛书则由辽宁图书馆转至甘肃省博物馆。《四库全书》这笔极其宝贵的中华民族的文化历史遗产，在今后将得到更加充分的研究和利用，从而为我们国家的文化事业发挥更大的作用。

中国古籍巨著

类书之最
——《古今图书集成》

　　《古今图书集成》，原名《文献汇编》或称《古今图书汇编》，原系康熙皇三子胤祉奉康熙之命与侍读陈梦雷等编纂的一部大型类书，康熙皇帝钦赐书名，雍正皇帝写序，《古今图书集成》为此冠名"钦定"。编撰历时两朝二十八年，采集广博，内容丰富，被称为"古代百科全书"，为现存规模最大、资料最丰富的类书，与《永乐大典》《四库全书》并列为中国古代三部皇家巨作。

一、松高枝叶茂，鹤老羽毛新
——《古今图书集成》的作者及编纂

　　《古今图书集成》成书于康雍年间，这样的一部鸿篇巨制，它的作者理应是家喻户晓、人尽皆知的，但事实并不是这样。长久以来，关于《集成》大家只知道蒋廷锡，却对《集成》的真正编著者陈梦雷印象十分淡薄，甚至根本无人提起。然而陈梦雷的功劳却是不容忽视的！

　　陈梦雷，字则震，又字省斋，晚年号松鹤老人，别号天一道人。清顺治八年（1651年），出生于福建侯官市（今福州），陈梦雷出身书香门第，父亲陈会捷极懂礼仪，且才智过人，陈梦雷从小就受父亲正统的儒家思想教育，且天资聪慧，勤奋好学。12岁时就中了秀才，成为当地远近闻名的才子。19岁时中了举人。当时陈梦雷的父亲担心儿子年少，不谙世事，便陪同陈梦雷一起进京参加康熙九年（1670年）举行的殿试。陈梦雷21岁殿试时中了进士，被选为庶吉士（殿试之后，状元授翰林院修撰，榜眼、探花授编修。其余进士经过考试合格者，叫翰林院庶吉士），陈梦雷的父亲也因为儿子的原因被加封为征仕郎，翰林院庶吉士。学富五车的陈梦雷本来应该是前途一片光明的，可事与愿违，命运多舛的他，遭遇极其悲惨，让后人不禁为他留下同情之泪。

　　陈梦雷做了一年的翰林院庶吉士后，于康熙十二年（1673年）请假回到家乡福建省亲。省亲回家的第二年，当时盘踞在福州的靖南王耿精忠连同占据云南的平南王吴三桂、统治广东的定南王尚可喜相互勾结呼应，发动了兵变，与当时的清政府相抗衡，即历史上著名的"三藩之乱"。不幸的是，回家省亲的陈梦雷成了这场战争中的牺牲品。占据福州的耿精忠扣押了当时的福建总督范承谟，自封为总统兵马大将军，拥有十多万大军。为了使自己的行为得到认可，维系他的统治，耿精忠开始拉拢当时的社会各界的知名人士，多方收罗人才，强迫授予他们各种伪官职，胁迫这些人和他共同反对清王朝的统治。此时早就名气在外的陈梦雷当然也难逃耿精忠的拉拢，他和父亲被耿精忠一伙人关押在当地的一座寺庙里，强迫他接受翰林院编修这一伪官职。这段时间陈梦雷一方面假装有病拒绝耿精忠等人的收买；一方面暗中派人进京报信，但因福建早已被耿精忠的兵力完全戒严而没有成功。就在陈梦雷悲伤绝望的时候，与他同年取得进士、同年被授予翰林院编修又是同乡的李光地也回到福建安溪老家省亲。

李光地（1642—1718 年），字晋卿，号厚庵，别号容村，福建安溪湖头乡人。与陈梦雷同为康熙九年（1670 年）进士。却因涉及陈梦雷"卖友案"而名声不好，但他深得康熙皇帝的信任与宠爱，是清代一名颇有争议的官员。

李光地知道耿精忠叛乱后，亲自去耿精忠的官府拜见了耿精忠。陈梦雷知道了这件事以后，非常愤怒，他严厉指责了李光地的可耻行为。最终陈梦雷在父母的婉言相劝下，深刻意识到仅凭他自己一人之力，势单力薄，根本无法与势力强大的耿精忠集团正面作对。最后陈梦雷只能找到李光地与他共同商议，二人促膝谈了三天三夜，最后想出了一个瞒天过海的计策：一方面陈李二人打算用蝇头小楷把耿精忠叛逆的事情原原本本、仔仔细细地记录在一小块纸上，用蜡丸封好，由李光地的叔叔护送一个名叫夏泽的亲信，从长江西北上京向朝廷密报。另一方面他们二人按照计划，陈梦雷依旧待在耿精忠的虎穴里，假意投降，并以自家八口人的性命来保证李光地全家人的安全。李光地则找借口离开耿府，逃入深山之中等待消息。一年后蜡丸书到了康熙皇帝的手中，康熙帝平定了"三藩之乱"后，李光地因密送蜡丸书有功，皇帝下达御诏，高度嘉赏了李

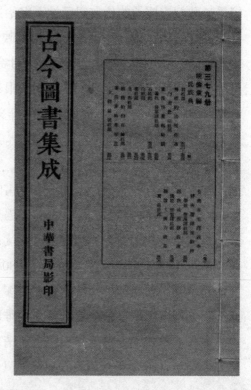

光地的行为，并命令将他的事迹记入兵部，让领兵大臣向他学习，为他授奖升官。这段时间里，李光地根本就没有提到陈梦雷的名字，将全部功劳都揽到自己身上。按照他的想法，不提陈梦雷的功劳不仅会独显他的忠贞不贰；而且万一陈梦雷被捕，攀扯上他的话，自己会有口难辩，可能会弄巧成

中国古籍巨著

拙。基于这样的原因，李光地决定出卖这位曾与他共患难的同乡兼朋友。

所以在李光地风风光光地享受皇帝嘉赏、青云直上时，陈梦雷却因为曾经接受过耿精忠授予的伪官职而被下狱治罪，而且依照当时律令将予以处斩。可以说，此时的二人，荣枯之间，相互映照，犹如天堂与地狱，一个飞黄腾达，平步青云，一个却在狱中含冤受屈，性命难保。此时，命运岌岌可危的陈梦雷，已完全认清了李光地贪功卖友、阴险狠毒的真面目，他悲愤至极，写下了《告都城隍文》，开始揭露李光地的背信弃义行为。而后，他又义愤填膺地写下了《与李光地绝交书》。当时的李光地虽然功名在外，但在当朝的声誉却不是很好，而且陈梦雷又一直在狱中为自己喊冤，对当年二人秘密制作蜡丸书以及当时计划的细节说得有理有据，再加上陈梦雷的朋友徐乾学暗中相救，《与李光地绝交书》在当时社会广为流传，引起了强烈的反响，人们认识到了李光地卖友求荣的真面目，开始为陈梦雷的命运担忧，并公开指责李光地的可耻行为。此事在朝中也引起关注，康熙十九年（1680 年），当时任刑部尚书的徐乾学代替李光地起草了一份疏稿，疏中反映了陈梦雷在耿精忠叛乱时有功于国家的表现，逼迫李光地向康熙皇帝上奏。李光地难以拒绝，又受到来自各方的压力，逼不得已地将这份疏稿上奏给了康熙帝，请求赦免陈梦雷。陈梦雷得以免死，于康熙二十一年（1682 年）被流放到奉天（今沈阳）充军。这些在《清官册》以及

陈梦雷的《与李光地绝交书》中都有一些记载。而《清史稿·李光地传》里记述的却是：陈梦雷因为附逆耿精忠的罪行被逮入京，依罪论斩。李光地多次对他实施营救，陈梦雷才得以免死被贬到奉天充军。经过后人的考证，这些记述与当时的事实根本就是南辕北辙。大概是由于当时李光地位高权重，而《清史稿》又是正史，所以才不得不这么写。

陈梦雷被贬到奉天后，沦为人奴，被贬之地环境恶劣，让初来乍到的陈梦雷很难适应。幸运的是陈梦雷的主人对这位昔日的才子照顾有加。而且当地一些达官显宦的子弟都跑来向这位才子请教问题，于是陈梦雷开始在此地开办学馆，讲授经学。所以在被贬的这段时间里，生活虽然清苦，但对陈梦雷来说倒也安闲自适，自得其乐。此时的他声誉远播，撰著了《周易浅述》一书，以后又陆续为当地的地方官衙编纂修订了《盛京通志》《海城县志》《承德县志》《盖平县治》等一些地方志。陈梦雷对待文献的态度非常严谨，并且又求真求实，为了修编好这些县志，他做了很多的工作，开始寻访各地，对许多遗址都仔细考察，所以这些书得到后世人的称赞，成为重要的文献资料。也正是他的这种实事求是的态度，才使后来编著的《集成》有今日如此巨大的成就。

在奉天生活了十六年后，陈梦雷的命运有了转机。康熙三十七年（1698 年），皇帝东巡到沈阳，陈梦雷因为向皇帝敬献七言律诗《圣德神功恭纪》而得到康熙帝的褒奖，获释重新返回京师。康熙帝命他教授三皇子诚亲王胤祉读书，并在皇城以北赐给他一座宅子，又在西山为他修筑了西郊水村别墅。此时可谓是陈梦雷一生中的黄金时期，康熙帝亲自到他的书斋中为他提了"松高枝叶茂，鹤老羽毛新"

的对联，后来陈梦雷在上下联开头各取一字，自命为"松鹤老人"，并把自己以后的诗文集命名为《松鹤山房诗文集》。三皇子诚亲王喜欢治学，尤其精通历算，陈梦雷这位老师的到来对他来说更是如虎添翼。二人情趣相投，师生在讲论经史的时候，经常感到现存的经书虽然在政治典故方面分类十分详细，但对于花草树木、鸟兽虫鱼等这些细微的事物却并没有十分明确的分类。因此，诚亲王觉得应该编著一部"大小一贯，上下古今，类列部分，有纲有纪"的大类书。承蒙皇恩，重新返回京师的陈梦雷，对清政府感恩戴德，为报答帝王皇子的知遇之恩，而又自认为自己"技能无一可称"，只是对书情有独钟，涉猎万余卷，于是他打算以类书的形式，编纂一部"凡在六合之内，巨细毕举，其在十三经，二十一史者，只字不遗。其在稗史子集者，亦只删一二"的鸿篇巨制。他所引用的资料堪称浩瀚，巨细不遗，所著录的资料都不加删改，原原本本，比较可靠。三皇子对他编著《集成》一书给予了极大的鼓励与支持。政治上的稳固、生活上的安定以及帝王皇子的支持，都为陈梦雷成功编写《集成》一书创造了良好的条件。而当时正大力发展文化事业，对书籍的要求也日益增多，前人的《太平御览》《册府元龟》和当时著名学者张廷玉等奉旨编撰的《佩文韵府》等大部图书资料都为陈梦雷编著《集成》提供了重要保证。

康熙四十年（1701年）十月，陈梦雷开始着手编写《集成》一书。陈梦雷侍奉在皇子身旁，过着优越的王府生活，又有皇室的"协一堂"藏书和家藏的经史子集一万五千多卷，同时皇室又给予他经费财力上的支持，这些都为陈梦雷编纂此书提供了重要的物质保证。正如陈梦雷在其晚年自著的诗文集——《松鹤山房诗文集》中自称的一样，自己这五十年来，并没有其他的嗜好，只喜欢抱书苦读，涉猎万余卷书，决心凭自己的力量编著一部大型类书。在这些因素的支撑下，陈梦雷从康熙四十年开始向朝廷领银，雇人缮写，潜心著书，历经五年的呕心沥血，"目营手检，无间晨夕"，到康熙四十五年（1706年）终于了却了他最大的心愿，完成了这部书的初稿。最初的版本有五千零二十册，五十多万页，一亿七千多万字，一万多幅图片，引用书目六千多种，初步定名为《图书汇编》。之后十多年的时间里陈梦雷对这部书不断进行校正、整理和完善。康熙五十五年（1716年）陈梦雷将该书的目录、体例写成一册上呈给皇帝，康熙帝阅读后将《图书汇编》改名为《集成》，认为该书仍需要校改增益，并命令由胤祉、陈梦雷带领八十名相关人员专门对《集成》一书加以完善。正是由于各方面的工作都十分细致，才使《集成》一书到现在都闪耀着璀璨的光芒。

然而，陈梦雷的命运并没有因此而一帆风顺。康熙五十一年，太子胤礽再次被废，而诚亲王由于平素与太子交往密切，也被皇上疏远，作为诚亲王侍从的陈梦雷亦被皇帝冷淡。康熙帝驾崩后，雍正皇帝即位。雍正皇帝猜忌成性，登基后视他的兄弟为眼中钉、肉中刺，打算除之而后快，他首先就从兄弟们平时的宠臣下手，陈梦雷作为这次政治斗争的牺牲品自然难逃此劫。康熙六十一年十二月，也就是雍正帝登基一个多月后，新皇帝就以陈梦雷曾经做过耿精忠的伪官职为理由，将陈梦雷发配到塞外。此时的陈梦雷已经年逾古稀，而塞外荒凉、凄风苦雨，恐怕他时日无多了。

让人欣慰的是，《集成》这部凝聚了陈梦雷大半生心血的巨著，并没有因其编撰者的被贬而废弃。雍正帝命蒋廷锡为总编辑，组织相关人员对这部巨著重新加以整理、校正。

 类书之最——《古今图书集成》

蒋廷锡（1669—1732年），字杨孙，号酉君，又号南沙，江苏常熟人，康熙四十二年（1703年）进士，雍正年间被升为礼部侍郎，他的最高官职为文华殿大学士。在他的带领下，对《集成》的医部重新编纂，共收医书五百二十卷，采集了历朝历代的名医著作，分门别类加以整理。雍正四年（1726年），铜活字排印《集成》工程全部结束。让人心酸的却是《集成》出版前，雍正皇帝为它写了序，在序中皇帝故意隐瞒了该书的真正编写者，为这部书立下汗马功劳的首功之臣陈梦雷并没有在此书中立名，却写上了仅仅为《集成》稍加增删的蒋廷锡的名字，将陈梦雷多年的心血一笔抹杀，而让蒋廷锡坐享其成。但事实就是事实，谎言迟早会被拆穿，没有谁可以掩盖既成的事实，在《清实录·世宗实录》卷二中，有雍正皇帝刚即位时的一篇谕令，谕令中明确指出"陈梦雷处所存《古今图书集成》一书"，这篇谕令无可辩驳地证明了《集成》这部鸿篇巨制的真正编撰者是陈梦雷而非蒋廷锡。雍正皇帝与蒋廷锡这种掩耳盗铃的行为，并没有让陈梦雷为《集成》所付出的心血为后人所忘却。

二、谨严合理,分类详细
——《古今图书集成》的体例

　　《集成》是一部巨型类书。所谓类书是我国特有的一种工具书性质的图书,它的编制方法是按类别汇编群书,也就是将当时能收集到的所有书中的内容拆散,重新按所分类别或者主题进行编排,以便能更迅捷地查找到所需内容。一般情况下,现在大多数学者都认为三国时期由魏文帝曹丕主持编撰的《皇览》是我国类书之祖。类书与丛书不同,丛书要保持原书的完整性,要把各部书完整地收入,不可分割。类书则是要摘取各书中的词句和段落,按类别编排。二者的相同之处在于它们对原文的内容一般情况下是不作改动的。类书一般都包罗百科、分门别类。好的类书要求分类体系严密,资料网罗丰富,摘引的词句篇段应严格依照原文,各条引文应明确指出是出自何书何卷何篇。类书的功用很多,它包罗万象,而又以摘取古书原文见长,并按类别编排,这些都为人们查找各方面史料带来了极大的便利;它还可以帮助人们查找辞藻,找出诗歌的典故出处;另外类书还可以帮助现代学者校勘、考订古书。我国古代的类书主要有唐代虞世南的《北堂书钞》一百六十卷,欧阳询的《艺文类聚》一百卷,魏征的《群书治要》五十卷;北宋李昉等人所编的《太平御览》以及王钦若等人所编的《册府元龟》各一千卷,南宋章如愚撰的《山堂考索》二百一十二卷,王应麟撰《玉海》二百零四卷,此四书被称为“宋代四大类书”。直到明代的《永乐大典》达到了编制类书的一个高峰。然而,这些书

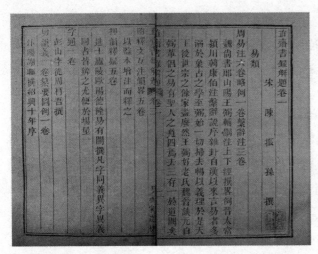

在分类整合方面都或多或少有凌乱的弊端。而《集成》是现存最为完整的一部大类书，可以说，它把类书的所有优点都发挥得淋漓尽致。

本来这样一部篇幅庞大、囊括群书的工具书，如果编排不好可能会给读者带来查检上的困扰，而《集成》却因为其谨严合理、分类详细的编排较好地解决了这一问题。

明代编写的《永乐大典》和清代编写的《佩文韵府》都是按一定的韵目编排的，并非严格地按内容编排，这样致使全书前后割裂，总体看来系统性很弱，其中的内在逻辑关系大多较为凌乱。《集成》一书在编排体例上借鉴和继承了以前这些类书"以类聚事"的原则，并在此基础上加以发展和创新。以前类书大都是两级分类（部、类或是部、门），而《集成》在二级的基础上又增加了一级，采用了三级类目的形式：汇编、典和部。即全书分为《历象汇编》《方舆汇编》《明伦汇编》《博物汇编》《理学汇编》和《经济汇编》六大汇编，这六大汇编为一级类目，是整部《集成》的纲；六大汇编下面又设了"典"这个二级目录，"典"初名为"志"，后来蒋廷锡等人奉御命改为"典"，全书共计《乾象典》《岁功典》《历法典》《庶征典》《坤舆典》《职方典》《山川典》《边裔典》《皇极典》《宫闱典》《官常典》《家范典》《交谊典》《氏族典》《人事典》《闺媛典》《艺术典》《神异典》《禽虫典》《草木典》《经籍典》《学行典》《文学典》《字学典》《选举典》《铨衡典》《食货典》《礼仪典》《乐律典》《戎政典》《祥刑典》和《考工典》三十二典，这三十二典将会在《集成》的内容中对其进行一一介绍；在三十二典之下又分设了六千一百零九部作为三级目录。六大汇编各自所包括的内容分别是天（历象汇编）、地（方舆汇编）、人（明伦汇编）、物（博物汇编）、学术（理学汇编）、政治经济（经济汇编）。关于这六大内容前后顺序的安排，陈梦雷在《凡例》中说："法莫大乎天地，故汇编首《历象》而继《方舆》；乾坤定而成位，其间者人也，故《明伦》

中国古籍巨著

次之；三才既立，庶类繁生，故次《博物》；裁成参赞，则圣功王道已出，次《理学》《经济》而是书备也。"雍正《御制序》也有和编者内容差不多的叙述，文中写道："始之以历象，观天文也；次之以方舆，察地理也；次之以明伦，立人格也；又次之以博物、理学、经济，则格物致知，诚意子心，治国平天下之道，咸具于是矣。"万物之中天地在先，而人其次，这是编者确定六大汇编的核心指导思想。陈梦雷的天地在先、人为万物之灵的思想具有我国古代朴素唯物论和朴素辩证法的思想，其对世界观的基本看法应该是正确的，由此而形成的编辑《集成》的思想在当时也是较为先进的。

在第三大类目"部"的下面，编者陈梦雷又按照所搜集到的材料性质更加仔细地将其分为汇考、总论、图、表、列传、艺文、选句、纪事、杂录、外编十部分。但是在这六千一百零九部里并不是每一部里面这十个分类都是齐全的，如果编者在某一部里面没有找到关于某一方面的资料，那么就不会再设那一部分。但一般情况下，每部之下都会有"汇考""总论""艺文""纪事""杂录"和"外编"这六个部分。下面将每部下列出的这十个部分及其所收录的范围和作用列于其下：（1）汇考，编者认为"纪事之大者入于汇考"，因此汇考所收录的都是一部中的大事件。记录大事件的主要方法是摘录各个朝代的史书，如我们最熟悉的"二十一史"。对于有年月可考的朝代大事，陈梦雷主要是依照编年体的形式记录该事件；而对于一些无年月可考的大事，编者则是按照先经史后子集的顺序辑录该方面的材料，并引用古书考证该事。（2）总论，所谓总论就是总汇经史子集等古籍对该部的评论。如《史记部总论》，就将关于《史记》自问世以来的重要评论，差不多都汇集到了一起，为使用者查阅资料提供了极大的方便。（3）艺文，主要是收录了关于该部的诗词歌赋。摘录的标准主

要是：以辞藻为主，即使议论有所偏颇，但只要辞藻华丽，也会录入艺文中。如果关于该部的诗词歌赋比较多，那么就会择优而选；如果篇章比较少就不再分优劣，全部录入。一般情况下是隋唐以前的比较详细，而唐宋以后的较为简略。其实除了对诗词歌赋的收取之外，大多数还收取了史书对该部的赞论以及一些人的感慨之作。（4）纪事，主要收录的是除"汇考"所记的大事以外，所涉及到的关于该部的具体琐细，都是有可取之处的资料。按照时代顺序，正史记录的在前，稗史子集记录的附着于后。大体上是对"汇考"和"总论"的补充。（5）杂录，主要是一些驳杂的论述。如有些文字，虽是出自名家之手，但并不是专门论及此事，只是偶尔提到，就会录入"杂录"。"杂录"是对"艺文"的补充。也就是说"纪事"偏重于对"事"的记载，是用史实说话；而"杂录"则偏重于"言"，多取于史传和笔记的琐言。（6）外编，主要是收录关于该部的一些荒唐难信的言语之辞。（7）图，主要是有关该部的绘图。如星宿图、疆域图、山势图、禽兽图、草木图、器皿图等的绘制。（8）表是有关该部的列表。如星座、宫度、纪元等没有表就很难详细列出来。表大多用于星宿纪元。（9）选句，即是摘录有关该部的名句佳对，多是后来的典故。（10）列传，主要是从古籍中（以史书、地方志为主）辑录有关人物的传记资料，主要在宫闱、官常、氏族、闺媛、艺术、神异、文学和字学等典籍中。如大小名臣列传一百四十二卷，名流名家列传一百九十一卷，著名妇女列传三百一十三卷，尤其是一些史书中遗漏的人物，人们可以在此获得十分珍贵的资料。这样科学合理的、多层次的结构体系安排，形成了一个规模宏大、结构严谨、次序井然的网络框架，从而具有了对古代文献的巨大容纳空间和整体排序能力。可以说《集成》的编纂者是吸收了以往类书编纂的一些优点，也摒弃了以往编写过程中的不足，扬长避短，有独创性地编著了

《集成》的新体例。这样的安排既使全书体例严谨、分类详细，又不拘泥于旧制，增强了全书资料的系统性，而且条理分明，方便实用。

这十大部分的内容和前后次序的安排又体现了《集成》的编者在编纂此书时的另一特点，那就是事件与文章间隔出现，主次分列，因类制宜。正常情况下，《集成》的编纂者都是先列汇考总论，后列选句艺文，主次分列，事前文后。但编者又不完全拘泥于这一原则，如末尾附录的纪事、杂录、外编就突破了"事前文后"的惯例，"事"与"文"交错出现。每部的内容也并不是平均分配的，而是有详有略，主次分明，而且每部下分列的这十个部分又不是完备的。如《氏族典》中下设了近六百个部，而这六百个部的姓氏仅存列传这一个部分，而在《星辰部》中，除了列传其余九个部分都是齐备的。这十个部分基本上是整部书体例的一个通例，但特殊的也会增加，如《易经部·外编》后增加了《易学别传》这一部分。这一原则又体现了《集成》编者在大体遵循原则的基础上所表现出的灵活性和多变性。

文与表、图并用则是《集成》体例的另一大特点。从我国现存最早的类书《北堂书钞》到我国古代最大的类书——明代的《永乐大典》，都没有配图。唯有《集成》一书开类书配图之先河。全书不仅有文有表，还配有千余幅的图，采用了文、表、图并用的形式。凡是花草树木、虫鱼鸟兽、名山大川、器物用具、楼台阁榭等都有该事物的形状，尤其是书中关于星象图的绘制，更是惟妙惟肖，如《乾象典》的《天地总部汇考》收录了"十二重天图""黄赤道二分二至图""日轮远近分寒暑图""二十四气日轮距赤道远近图""月不正当日下不尽见食图"

"北极出地四十度昼夜长短图"等二十三幅星象图，栩栩如生地展现了文中所描述的内容。全书共计列表四百五十二份，绘图六千二百六十四幅，而且"图绘精详，考

类书之最——《古今图书集成》

93

订切当",构图方法十分先进。如当时的《皇舆全览图》,连外国学者也承认"是亚洲当时所有的地图中最好的一幅,而且比当时所有的欧洲地图都要更好、更精确"。《集成》中图表的运用,从形式到内容,从数量到质量,都标新立异,进一步提高了《集成》一书的价值。

以往类书中所征引的文献大都只是简短的几句,而且对文献的出处也没标注得很清楚,而《集成》一书却不是这样,编者陈梦雷将所引用的资料一一标明所出书籍、篇章和作者等,十分注重征引文献的系统性和完整性。

《集成》还十分注重收录科学技术方面的文献,对于这类文献,不仅文字不作删节,而且连书中的示意图都一一描绘。尤其重视西方天文等科学技术,这是康熙时代的社会风尚,也是该书体例的另一大特点。

中国古籍巨著

三、浩繁宏博，巨细不遗
——《古今图书集成》的内容

陈梦雷在其晚年自著诗文集——《松鹤山房诗文集》的第九卷中，较为详细地记述了他编纂《集成》一书的始末。他在《上诚亲王〈汇编〉启》中写道："凡在六合（天地和东南西北，泛指天下）之内，巨细毕举；其在'十三经'（《诗经》《尚书》《周礼》《仪礼》《礼记》《周易》《左传》《公羊传》《谷梁传》《论语》《尔雅》《孝经》《孟子》）'二十一史'（《史记》《汉书》《后汉书》《三国志》《晋书》《宋书》《南齐书》《梁书》《陈书》《魏书》《北齐书》《周书》《隋书》《南史》《北史》《新唐书》《新五代史》《宋史》《辽史》《金史》《元史》）者，只字不遗。其在稗史子集者，十亦只删一二。以百篇为一卷，可得三千六百余卷，若以古人卷帙较之，可得万余卷。"接着他又写道："较之前代《太平御览》《册府元龟》，广大精详，何止十倍！"由此可见，《集成》一书欲包括当时社会的全部学问，内容何其浩繁！它不愧是中外学者查阅各种资料的"百科全书"。天文地理、政治经济、军事法律、边疆民族、诗词歌赋、花草虫鱼、人物传记等等资料都收录其中。

（一）《历象汇编》

《历象汇编》收录的是有关天文方面的内容，主要为我们提供了康熙王朝以前的中外天文知识。包括《乾象典》《岁功典》《历法典》《庶征典》四典。

《乾象典》共设了《天地总部》《天部》《阴阳部》《五行部》《七政部》《日月部》《日

类书之最——《古今图书集成》

部》《月部》《星辰部》《天河部》《风部》《云霞部》《雾部》《虹霓部》《雷电部》《雨部》《露部》《霜部》《雪部》《火部》《烟部》等二十一部，共一百卷。主要是关于天文和气象的，其中包括天地、阴阳、五行、日月、星辰以及风云、雨雪、雷电等，还有和其有关的火与烟。如对人与天地阴阳、风与疾病、雷电伤人等的记载以及雨水露水、冬霜蜡雪对身体的治疗功用等。如《天河部》中对民间故事"牛郎织女七夕渡河使鹊为桥"的记载：相传很早以前，南阳城西牛家庄里有个聪明、忠厚的小伙子，父母早亡，只好跟着哥哥嫂子度日。嫂子经常虐待他，逼他整天在深山放牛，一次放牛的时候，牛郎救了一头病怏怏的老牛，后来老牛告诉牛郎自己是因犯了天条被打下凡的神牛。一天，天上的织女和诸仙女一起下凡，去河里洗澡。牛郎在老牛的帮助下认识了织女，二人互生情意，后来织女便偷偷下凡，做了牛郎的妻子。牛郎和织女结婚后，男耕女织，情深意重，而且还生了一男一女两个孩子，一家人生活得很幸福。但是好景不长，这件事很快便被天帝知道了，王母娘娘亲自下凡，强行把织女带回天上，恩爱夫妻被强行拆散。牛郎上天无路，老牛告诉牛郎，在它死后，可以用它的皮做成鞋子，穿着这双鞋子就可以上天去追织女。说完，老牛就死了。牛郎按照老牛的话做了，穿上牛皮做的鞋，拉着自己的儿女，一起腾云驾雾上天去追织女，眼见就要追到了，岂知王母娘娘拔下头上的金簪一挥，一道波涛汹涌的天河就出现了，牛郎和织女被隔在两岸，只能相对哭泣。他们忠贞的爱情感动了喜鹊，千万只喜鹊飞来，搭成鹊桥，让牛郎织女走上鹊桥相会，王母娘娘对此也很无奈，又被二人的真情所感动，只好允许他们在每年七月初七于鹊桥相会。后来，每到农历七月初七相传牛郎织女鹊桥相会的日子，姑娘们就会来到花前月下，抬头仰望星空，寻找银河两边的牛郎星和织女星，希望能看到他们一年一度的相会，乞求上天能让自己像织女那样心灵手巧，祈祷自己能有称心如意的美满婚姻，由此形成了"七夕节"。

《岁功典》主要设了《岁功总部》《春部》《孟春部》《立春部》《元旦部》《人日部》《上元部》《仲春部》《社日部》《花朝部》《季春部》《上巳部》《清明部》《夏部》《孟夏部》《立夏部》《仲夏部》《端午部》《夏至部》《季夏部》《伏日部》《秋部》《孟秋部》《立秋部》《七夕部》《中元部》《仲秋部》《中秋部》《季秋部》《重阳部》《冬部》《孟冬部》《立冬部》《仲冬部》《冬至部》《季冬部》《腊日部》《除夕部》《闰月部》《寒暑部》《干支部》《晦朔弦望部》《晨昏昼夜部》等共四十三部、一百一十六卷。主要是关于时序、节令、风俗的资料，其中包括季节、月令、寒暑、干支、晨昏、昼夜等。关于季节的各部里，就包含有关于四季与人的心情、四季与饮食、四季与居住环境，以及各季、月、节令的修养调摄、养生宜忌、卫生习俗、采药合药、防疫祛病、寒暑变易、防寒避暑等药方以及关于药枕的记载。如关于节日"元旦"的诗文记载：《元旦部艺文》就引用了曹植的《元会》，唐太宗的《元旦》《元旦临朝》，白居易的《虞楼岁旦》和刘禹锡的《元旦感怀》："振蛰春潜至，湘南人未归。身加一日长，心觉去年非。燎火委虚烬，儿童炫彩衣。异乡无相识，车马到门稀。"

《历法典》共包括《历法总部》《仪象部》《漏刻部》《测量部》《算法部》《数目部》六部，共一百四十卷。主要是有关历法、仪象、漏刻（我国古代一种计量时间的仪器）以及测量、算法、数目等的资料。如《数目部·汇考八九类》中关于数字"九"的记载："九天"指的是中央钧天、

类书之最——《古今图书集成》

东方苍天、东北方变天、北方玄天、西北方幽天、西方颢天、西南方朱天、南方炎天、东南方阳天。

"九族"，一种指的是上自高祖，下至玄孙的九代亲属，即我们现在所提到的高祖父、曾祖父、祖父、父亲、自身、儿子、孙子、曾孙和玄孙以及和这九代有关系的所有在五服之内的异性亲属。还有一种说法指的是父族四、母族三以及妻族二，父族四指自己的同族、出嫁的姑母及其儿子、出嫁的姐妹及外甥、出嫁的女儿及外孙；母族三指的是外祖父一家、外祖母的娘家、姨母及其儿子；妻族二指的是岳父的一家、岳母的娘家。"九德"指的是宽而栗、柔而立、愿而恭、乱而敬、扰而毅、直而温、简而廉、刚而塞、疆而义，用现在的话说就是宽宏大量而又严肃恭谨，性情温和而又有主见能立事，老实谨慎而又能恭敬端正，能排乱解纷而又小心慎重，柔顺驯服而又坚强刚毅，挺直端正而又和善宽厚，质朴平易而又清正廉洁，能刚断事理而又有节有制，刚正强直而又容止适度。

《庶征典》共包括《庶征总部》《天变部》《日异部》《月异部》《星变部》《风异部》《云气异部》《雨异部》《露异部》《雹灾部》《旱灾部》《火灾部》《光异部》《寒暑异部》《丰歉部》《疫灾部》《地异部》《山异部》《梦部》《饮食异部》《冠服异部》《神怪异部》《禽异部》《鸡异部》《兽异部》《马异部》《牛异部》《羊异部》《犬异部》《豕异部》《鼠异部》《草木异部》等共五十一部，一百八十八卷。主要记载的是有关宇宙变异、自然灾害的资料，其中包括变异、灾荒、梦、谣、谶等。如《庶征典》里专设《疫灾部》，在该部里面专门记载了我国古代各个历史时期疫病流行的年代、地域以及流行状况，比较全面和系统地反映了历史上传染病及流行病的发生和流行状况。《人异部》里主要记载的是在形体上或是生理上有异常的人类，如现在的侏儒、巨人、连体儿、多胞胎、畸形儿、性变异等。如《唐高宗本纪》关于连体儿的记载，唐高宗仪凤三年（678 年）四月，泾州一妇女生了一对心连在一起的连体儿；鹈鹕县卫士胡万年的妻子吴氏生了一男一女双胞胎，但生下来时他们的胸部是连在一起的，其余的部位都是正常的，医生在将他们分离时，两个婴儿全死了。可见在古代我国就已经为连体婴儿做过分离手术。后来吴氏又生下一对都是男孩的连体儿，夫妻一直把他们养到 4 岁，后来献给了朝廷。

（二）《方舆汇编》

　　《方舆汇编》主要是有关地理方面的资料。包括《坤舆典》《职方典》《山川典》《边裔典》四典。

　　《坤舆典》共包括《坤舆总部》《土部》《泥部》《石部》《砂部》《汞部》《黄部》《灰尘部》《水部》《冰部》《泉部》《温泉部》《井部》《舆图部》《建都部》《留都部》《关隘部》《市肆部》《陵寝部》《冢墓部》等二十一部，一百四十卷。主要是关于地形和地质的资料。如《建都部·汇考三》中对于唐代都城长安的记载，长安由皇城、宫城、外郭城三部分组成。其中皇城长一千九百一十五步，宽一千二百步；宫城长一千四百四十步，宽九百六十步；外郭城长四千八百六十步。《建都部·艺文》中还摘录了关于长安的诗词，如杜牧的《长安杂题长句六首》中的"雨晴九陌铺江练，岚嫩千峰叠海涛。南苑草芳眠锦雉，夹城云暖下霓旄。少年羁络青纹玉，游女花簪紫蒂桃。江碧柳深人尽醉，一瓢颜巷日空高"和"洪河清渭天池浚，太白终南地轴横。祥云辉映汉宫紫，春光绣画秦川明。草妒佳人钿朵色，风回公子玉衔声。六飞南幸芙蓉苑，十里飘香入夹城"

两首。

《职方典》共包括《职方总部》《京畿总部》《顺天府部》《永平府部》《保定府部》《河间府部》《真定府部》《顺德府部》《广平府部》《大名府部》《宣化府部》《盛京总部》《奉天府部》《锦州府部》《乌拉宁古塔部》《平阳府部》《开封府部》等二百二十三部，共一千五百四十四卷。主要是记载清代各省各府的地理资料，分为京畿、盛京、山东、山西、河南、陕西、四川、江南、江西、浙江、福建、湖广、广东、广西、云南、贵州等十六个省，省下又设了府，如顺天府、苏州府、贵阳府等，对于这些府作者先列汇考，次列总论，并配有图，然后按每一府的顺序又逐一记述了各府的建制制度、疆域、山川、城池、行政机构、学校以及该府的赋役、风俗、寺庙、古迹、艺文、杂录、外编等项内容。如《京畿总部·京都宫殿考》中对于清代一些宫殿的描述：太和殿是皇朝的正殿、中和殿在太和殿后面、保和殿在中和殿的后面、中左门和中右门分别在太和殿的左右两侧、后左门和后右门分别在保和殿的左右两侧。乾清宫在大朝三殿的后面，是皇上居住的地方；坤宁宫在乾清宫的后面，是皇后居住的宫殿；交泰殿在乾清、坤宁两宫之间；慈宁宫在武英殿后面是太皇太后的宫殿；寿宁宫在慈宁宫西北方，是皇太后的居所。

《山川典》包括山部和水部两部分。山部主要记载各地的名山，有《山川总部》《五岳总部》《长白山部》《天目山部》《武当山部》《天寿山部》《大房山部》《泰山部》《崂山部》《蓬莱山部》《五台山部》《王屋山部》《太行山部》《嵩山部》《终南山部》《华山部》《太白山部》《梁山部》《崆峒山部》《贺兰山部》《昆仑山部》《祁连山部》《茅山部》《黄山部》等共二百八十三部；水部主要记载各地的江河湖海，包括《鸭绿江部》《九河部》

《趵突泉部》《汶水部》《泗水部》《晋水部》《沁水部》《汾水部》《洛水部》《淮水部》《汉水部》《秦淮河部》等共一百一十七部。"山部"中如《五台山部·汇考》中关于五台山的记载，依据《华严经》，五台山即是古代的佛教圣地清凉山，清凉山的五峰高入云霄，顶部全是由积土组成，所以才称作"五台山"。夏天山上面有冰雪积压，所以也被称为"清凉山"。五台山在山西太原府五台县东北一百四十里（今山西省东北部，忻州市五台县和繁峙县之间），方圆共占五百里。其中中台高三十九里，东台高三十八里，南台高三十七里，西台高三十五里，北台高四十里。"水部"如《西湖·汇考一》中的记载：西湖本来是圣湖，后又改名为钱塘湖，方圆三十余里，东面接着杭州府，西、南、北三面全是山，山的下面都有溪谷泉眼，西湖就是由这些水流汇集而成的。

　　《边裔典》中的《东方诸国总部》介绍了《朝鲜部》《日本部》《扶桑部》《女国部》《渤海部》等部；《西方诸国总部》介绍了《月氏部》《天竺部》《吐蕃部》《哈密部》《西夏部》等部；《南方诸国总部》介绍了《爪哇部》《琉球部》《缅国部》《百花部》《南巫里部》等部；《北方诸国总部》介绍了《匈奴部》《山绒部》《突厥部》《蒙古部》等部。《边裔典》共包括五百四十二部，主要是有关我国少数民族和外国及其民族的资料，如对于邻国日本的记录，《集成》收录最早的关于日本的资料载于《后汉书·世祖本纪》中，书中记载"在韩东南大海中，依山岛为居，自武帝灭朝鲜使译通"。《吐蕃部·汇考一》中记录了关于贞观十五年文成公主下嫁吐蕃的事情。这些都为我们研究地质以及疆域问题提供了珍贵的文献资料。

　　《方舆汇编》辑录了大量的古

类书之最——《古今图书集成》

代民族、外邦、府、州和县等的资料，选编了许多重要的文献资料，收录的地名非常丰富。在其他书中找不到的一些当时的小地名和稀有文献，常常能够在《集成》中找到。而且值得一提的是，《方舆汇编》绘制的地图，吸收了当时最新的测绘成果，采用平面投影和实地测绘资料绘制，印刷也很精美，而且《坤舆典》和《职方典》中各省府州的地图都是经过实地勘测的，所以绘制比较准确，对山川河流的描绘手法已经接近现代地图的制作，为我们了解古代的一些地理知识提供了十分难得的资料。而且还有许多关于地质学的极有价值的资料，如从《费县历山图》发现了历山山谷的更生现象，从山东《峄山图》中可以查得水成巨砾沉积等资料。

（三）　《明伦汇编》

《明伦汇编》是有关古代人伦规范的内容。包括《皇极典》《宫闱典》《官常典》《家范典》《交谊典》《氏族典》《人事典》《闺媛典》八典。

《皇极典》共包括《皇极总部》《君父部》《君臣部》《帝纪部》《帝运部》《国号部》《帝号部》《登极部》《正朔部》《纪元部》《圣寿部》《君德部》《圣学部》《用人部》《法令部》《创守部》《风俗部》等三十一部，主要记载的是有关历代帝王统治政策的一些资料，如各代王朝的皇帝本纪、君臣关系、年号、御制以及罚赏制度等。如《帝纪部·汇考》中对于明代开国皇帝朱元璋的记载：朱元璋（1328—1398 年），明朝开国皇帝，濠洲钟离（今安徽凤阳东）人。家里世代为农，小时候曾做过雇工和僧人。后投靠郭子兴领导的红巾军反抗元朝暴政，在郭子兴死后统率郭子兴的部下继续反抗元朝。接着以战功连续升迁，至正十六年(1356 年)诸将奉朱元璋为吴国公。至正二十四年

（1364 年）即吴王位。洪武元年(1368 年)，在基本击破各路农民起义军和扫平元朝的残余势力后，于南京称帝，国号大明，年号洪武。开始了明朝二百七十年的历史。洪武三十一年（1398 年）闰五月十日去世，死时 71 岁，同月十六日葬于孝陵。

《宫闱典》共包括《宫闱总部》《太皇太后部》《太上皇部》《皇太后部》《皇后部》《妃嫔部》《宫女部》《乳保部》《东宫部》《东宫妃嫔部》《皇子部》《皇孙部》《公主驸马部》《外戚部》《宦寺部》十五部，共一百四十卷。顾名思义记载的是有关宫廷中太上皇、太后、皇后、妃嫔、皇子、公主、驸马、皇亲国戚、宫女、宦侍等和皇帝有关系的人物的生活。如《皇后部·列传七》引用了《唐书·后妃传》的记载，长孙皇后（名字史书没有记载）是河南洛阳人，祖先是北魏的拓跋氏。长孙皇后是隋朝骁卫将军长孙晟的女儿，长孙氏 13 岁时便嫁给了当时太原留守李渊的次子、年方 17 岁的李世民为妻，她年龄虽小，但已能尽行妇道，悉心侍奉公公，相夫教子，是一个非常称职的小媳妇，深得丈夫和公婆的欢心。李世民即位后，长孙氏也随即立为母仪天下的长孙皇后。唐太宗开创的"贞观之治"与长孙皇后的深明大义是分不开的。她还亲手编纂了《女则》十卷，主要记述许多古代女子优越卓著的表现。贞观十年盛暑中长孙皇后崩逝于立政殿，享年仅 36 岁。弥留之际尚殷殷嘱咐唐太宗善待贤臣，不要让外戚位居显要；并请求死后薄葬，一切从简。

《官常典》共包括《官常总部》《宗藩部》《圣裔部》《公辅部》《翰林院部》《宫僚部》《吏人部》《宗人府部》《吏部》《户部》《礼部》《兵部》《工部》《刑部》《都察院部》《国子监部》《将帅部》《节度使部》等共六十五部，共八百卷。主要记述的是百官之事，以及一些居官职责的资料，如当时最显著的宗藩、翰林、吏部、户部、将帅、忠烈、政事等。如《将帅部·名臣列传十四》中关于三国名将周瑜的记录：周

类书之最——《古今图书集成》

瑜，字公瑾，庐江舒（今安徽庐江）人，从祖父周景、周景的儿子周忠，都是汉朝太尉。周瑜的父亲周异，曾经做过洛阳令。周瑜长相俊美，少年时与孙策结识，后共谋大计，24岁时封为中郎将，娶美女小乔为妻。

《家范典》共包括《家范总部》《祖孙部》《父母部》《父子部》《母子部》《教子部》《乳母部》《嫡庶部》《养子部》《女子部》《姑媳部》《子孙部》《兄弟部》《姊妹部》《嫂叔部》《妯娌部》《叔侄部》《夫妇部》《媵妾部》《宗族部》《外祖孙部》《甥舅部》《母党部》《翁婿部》《妻族部》《中表部》《妻属部》《奴婢部》等三十一部，主要内容是有关治家纲领以及各种家族关系的资料。如《父母部·汇考》里摘自《说卦传》的一段论说：乾，天也，故称父；坤，地也，故称母；乾坤交而生震、巽、坎、离、艮、兑六子，所以把生育孩子的称作父母，把生下来的孩子称为子女。

《交谊典》共包括《交谊总部》《师友部》《师弟部》《主司门生部》《朋友部》《父执部》《前辈部》《同学部》《同年部》《世谊部》《结义部》《规谏部》《品题部》《荐扬部》《嫌疑部》《傲慢部》《趋附部》《恩仇部》等四十部，共六百四十卷。记载了有关朋友关系、社交关系的资料以及当时的一些社会世态。如《朋友部·纪事》中关于廉颇与蔺相如的故事；《结义部·纪事》中引用了《三国志·张飞传》中关于刘备、关羽、张飞桃园结义的故事；《送别部·艺文》中更是收录了大量的送别诗，如王勃的《送杜少府之任蜀州》，王维的《送元二使安西》，李白的《送孟浩然之广陵》《赠汪伦》，高适的《别董大》，孟郊的《留别知己》等等。

《氏族典》共两千六百九十六部，共六百四十卷。主要是有关各种姓氏源流、支系的资料，它按照单姓在前、复姓在后的顺序，根据南宋人刘渊创作的一种平水韵依次排列。所谓平水韵是指宋代以后使用的一种作诗的诗韵系统，共一百零六韵，是从更早的二百零六韵的《广韵》简略而来的，按这种韵排列《氏族典》首列"东"姓。该典所收姓氏比较全面，基本上中华姓氏的源流都可以在《氏族典》中找到源头及这一姓氏比较有影响的代表人物。如《氏族典·张姓部》对"张"姓的记载："张"姓主要来源有：（1）出自上古黄帝的后人挥。据《新唐书·宰相世系表》记载：黄帝的第五个儿子青阳生了儿子挥，挥看见天上的弧月，就照着弧月的样子制作了弓箭，所以他的子孙赐姓"张"。这一支由黄帝直接传下来的张姓，最初发源于尹城国的青阳（即清阳），其后望族也出于这一带。主要是河北张氏。（2）张氏世代在晋朝为官，公元前403年韩、赵、魏三家瓜分晋国后，除部分留原地外，大部分随着三国迁都而迁移。其中，以迁居韩国的张氏影响较大，历代都有入朝为官的名人。韩国最初定都平阳（今山西临汾西南），后南迁到宜阳（今河南宜阳县韩城），又迁阳翟（今河南禹州），最后迁至郑（今河南新郑）。赵国最初定都晋阳（今山西太原西南），后迁中牟（今河南鹤壁市西），最后又迁邯郸（今属河北）。魏国最开始定都安邑（今山西夏县西北），后迁大梁（今河南开封市）。这主要是山西、河北、河南三地的张姓。（3）春秋时，晋国有大夫解张，字张侯，他的后世子孙就以他的字命为姓氏，即"张"姓。从此，晋国就有了张姓。《集成》一书也收录了很多张氏名人。如家喻户晓的张三丰，《张姓部·列传》中引用了《明外史》中对张三丰的记载：张三丰，辽东懿州（今阜新蒙古族自治县塔营子乡）人，全名张君宝，三丰是他的号，他整天不修边幅，所以当时的人称他为"张邋遢"。他龟形鹤背，大耳圆目，胡须如戟。不管寒暑，只是穿着一衲一蓑，一餐能吃好几斗也时常好几天或

是好几个月才吃一顿饭食。对于看过的经书能够过目不忘，经常在武当山的岩壑中游览，当时的武当山南面紫霄峰被战争毁坏，张三丰在瓦砾中盖了自己的小草屋，后来又开始游走四方。宋太祖赵匡胤听闻了他的事，派使者到处寻找他，但最终都没有找到。后来张三丰坐在金台上整整一日，说自己不久将离开人世，他逝世安葬时，安葬的人听到棺材内有声音，众人打开棺材看见张三丰复活了。后来他又开始游历四方。后人对其行踪一无所知。

《人事典》共包括《人事总部》《身体部》《头部》《颈部》《发部》《面部》《眉部》《目部》《耳部》《鼻部》《口部》《齿部》《须部》《手部》《足部》《腹部》《脏腑部》《形神部》《形貌部》《年齿部》《老幼部》《初生部》《名字部》《喜怒部》《忧乐部》《悲欢部》《恐惧部》《疑惑部》等九十七部，共一百一十二卷。对人体的各个部分进行了详细的介绍，相当于系统的人生、解剖学。例如《初生部》里就包括养胎、护胎、胎教、婴儿出生等内容；《养生部》中主要讲一些养生的理论知识，对于现代人也是非常宝贵的养生之道；《寿夭部》记载了人的岁数和长寿的方法；《生死部》里记载了人的生死、丧夭、复苏等方面的内容；《名字部》主要是有关名字的一些常识；《喜怒部》《忧乐部》《悲欢部》《恐惧部》《疑惑部》主要是有关人的思想感情、喜怒哀乐的变化以及对人体的影响。

《闺媛典》共包括《闺媛总部》《闺淑部》《闺孝部》《闺义部》《闺烈部》《闺节部》《闺识部》《闺藻部》《闺慧部》《闺奇部》《闺巧部》《闺福部》《闺艳部》《闺恨部》《闺悟部》《闺职部》《闺饰部》十七部，共三百七十六卷。在男尊女卑的封建社会，编者能够摒弃这种几千年来形成的伦理观念，而为女性专设一典，实属难能可贵。如《闺烈部》中对历史上著名的巾帼英雄花木兰是这样记录的：少女木兰姓韩，元末凤阳府虹县人。其父韩成为朱元璋起义军小首领，早年战死，母亦早丧，她改换男装入军中十二年，转战南北杀敌立功。后人在其家乡建立了木兰庙、木兰寺，四时享祀。如《闺巧部》中关于黄道婆的记载：黄道婆，松江乌泥泾（今上海华泾镇）人，生活在宋末元初。生年无记录，由于家庭贫苦，十多岁时被卖为童养媳，婚后不堪家庭虐待，随黄浦江海船逃到海南岛崖州。在崖州随黎族人学习纺织。约1295年，回到松江乌泥泾，从事纺织，教当地妇女棉纺织技术，并且制成一套扦、弹、纺、织工具（如搅车、椎弓、三锭脚踏纺车等），提高了纺纱效率。在织造方面，她用错纱、配色、综线、花工艺技术，织制出有名的乌泥泾被，从此，松江的纺织业发达起来。而且《闺媛典》还专设了有关古代人恋足缠足的《弓莲篇》。但《闺媛典》整体上都是理论知识以及有关各部中的代表女性，依旧带有封建色彩和对女性的诸多要求。

（四）《博物汇编》

《博物汇编》主要是关于古代生物、农业、医学、风俗以及宗教等方面的文献资料。包括《艺术典》《神异典》《禽虫典》《草木典》四典。

《艺术典》包括《艺术总部》《农部》《渔部》《樵部》《牧部》《御部》《戈部》《猎部》《医部》《星命部》《相术部》《术数部》《画部》《弈棋部》《优伶部》等四十三部，共八百二十四卷。主要记载的是有关农牧、医、占卜、星相以及绘画、棋艺、商贾、佣工、优伶、娼妓等的资料，共包括四十三部。如《农部·汇考》里引用了《诗经》中诗歌，记载了各月应该做的农活；在《星命部总论》里编者引用了《论命术》讲述孔子关于命术的看法；如"薛涛笺"的创始人薛涛在《娼妓部·名流列传》中

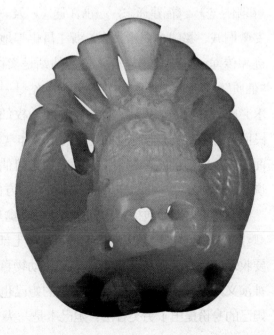

类书之最——《古今图书集成》

107

中国古籍巨著

就有相关记载：薛涛，字洪度，本是长安人，因父亲薛郧在蜀地（今四川一带）任官，所以随家人住在蜀地。薛涛性敏慧，八九岁即能诗、通晓音律，姿容美艳，多才多艺，声名倾动一时。

《神异典》共包括《神异总部》《皇天上帝部》《大名之神部》《风云雷雨诸神部》《东岳泰山之神部》《西岳华山之神部》《南岳衡山之神部》《北岳恒山之神部》《中岳嵩山之神部》《海神部》《社稷之神部》《瘟疫之神部》等七十部，共三百二十卷。主要是有关历代神仙鬼怪和佛、道等宗教的一些资料。比如对"八仙过海"中何仙姑的记载，《神异典》引用了《安庆府志》《祁阳县志》《福建通志》《浙江通志》及《歙县志》等各地地方志的记载，在安徽桐城、祁门，福建武平，浙江昌化等地，都有关于"何仙姑"在该地的遗迹和传闻。《福建通志》认为何仙姑是卖饼人何大郎的女儿，吕洞宾见她有"仙质"，便每天向仙姑讨饼吃，何仙姑是一个善良的姑娘，对吕洞宾每次都有求必应，吕洞宾被感动，便给她吃了一枚仙桃，使仙姑位列仙班。这个故事与民间传说中吕洞宾收何仙姑为徒的情节非常相似，只是地点由广东换成了福建；而在广东的何仙姑传说中，记载的却是何仙姑于广州投井访仙、在福建登仙的说法。《神异典》将这些传说全部录入，方便后人查询。

《禽虫典》共包括《禽虫总部》《羽禽总部》《凤凰部》《鹤部》《雕部》《鹰部》《鸿雁部》《鹊部》等三百一十七部，共一百九十二卷。顾名思义，主要收录的是有关各种飞禽走兽的一部动物百科全书。在这部典中，编者对《封神演义》中被人们传成"狐狸精"的妲己也有记载，《禽虫典卷一》中对有关妲己的身份提出了另类看法：妲己本是一头"雉精"，也就是由某种羽色斑斓的

108

山鸡变成的精灵。另外在《禽虫典·龟部》中，不仅记载了龟在黄帝伐蚩尤的大战中的作用，还形象生动地描述了龟作为水中灵物，变为人间妙龄女郎，在花荫柳掩的河边欢笑、嬉戏的生活情形。《禽虫典》涉及部类甚多，还记录了多种飞禽走兽及其附属部位与器官的入药和治疗功用，这部分资料主要取材于李时珍的《本草纲目》。

《草木典》包括《草木总部》《草部》《木部》《叶部》《花部》《果部》《稻部》《黍部》《稷部》《豆部》《麻部》等七百部，共三百二十卷。收录的是有关花草树木的资料。在《草木典》的《花部·艺文》里编者收录了许多有关花的诗词歌赋，如杜甫的《早花》《花底》，韩愈的《惜花》等。《草木典》和《禽虫典》一样都是大段收录了李时珍《本草纲目》里的内容，对于我们了解植物的药用价值是非常有帮助的。

（五）《理学汇编》

《理学汇编》为人们提供了经学、史学、文学等方面的资料，包括《经籍典》《学行典》《文学典》《字学典》四典。

《经籍典》是有关经典书籍的资料，《经籍典》共计六十六部。单列专章的有《河图洛书部》《易经部》《书经部》《诗经部》《春秋部》《礼记部》《仪礼部》《周礼部》《论语部》《大学部》《中庸部》《孟子部》《四书部》《孝经部》《尔雅部》《经学部》《国语部》《战国策部》《史记部》《汉书部》《后汉书部》《三国志部》《老子部》《庄子部》《列子部》《管子部》《孙子部》《韩非子部》《荀子部》《淮南子部》等。在

中国古籍巨著

《经籍典·列传》里作者为许多文人都做了传记，如《左传》的作者左丘明、《史记》的作者司马迁等，另外在外编里编者还为《老子》《庄子》等书做了外编。

《学行典》包括《学行总部》《理气部》《理数部》《性命部》《性情部》《仁部》《义部》《礼部》《智部》《信部》《诸贤部》《孝悌部》《隐逸部》等共九十六部，计三百卷。主要是有关人品、操行、学问、名贤列传以及游侠、勇士等的资料。如编者在《诸贤部》里就记录了孔子及其弟子的一些事迹；"孝道"是中华民族传统文化之精髓，编者陈梦雷在列传里也记录了许多关于古代孝子贤孙的故事，如"郭巨埋儿葬母"的故事：晋代人郭巨，原本家道殷实。父亲死后，他把家产分为两份，给了两个弟弟，而自己奉养母亲，对母亲极为孝顺。后来家境逐渐贫困，妻子生一男孩，郭巨担心养这个孩子会影响供养母亲，于是和妻子商议："儿子可以再有，但母亲死了却不能复活，不如干脆埋掉儿子，节省些粮食供养母亲。"当他们挖坑时，在地下二尺处忽见一坛黄金，上书"天赐郭巨，官不得取，民不得夺"。夫妻得到黄金，回家孝敬母亲，并得以兼养孩子。另外该部还记录了许多其他孝行，如董永"卖身葬父"、丁兰"刻木事亲"等关于"二十四孝"的故事。

《文学典》共包括《文学总部》《诗部》《乐府部》《词曲部》《文学名家》《诏命部》《册书部》《批答部》《教令部》《表章部》《奏议部》等九十六部，共三百卷。主要是有关文学总论、名家列传以及各种文体的资料。《文学典》收录了从《易经》一直到明末清初顾炎武的《日知录》近两千年以来共四千零一十五个历代著名文人及其作品；尤其是它还专门设了《文学名家·列传》一百零六部，为古代许多文学名士做了传记，有我们最为熟悉的孔子、司马迁、李白、杜甫、白居易等伟大的文人，也有我们不太熟悉的一些古代文人，如蜀国的向朗、刘巴等。

《字学典》共包括《字学总部》《音义部》《楷书部》《行书部》《草书部》《篆书部》《隶书部》《书画部》《法帖部》《书法部》等四十九部，共二百六十卷。主要是关于语言文字以及书法的资料。《字学总部》从上古伏羲氏造书契代替以前的结绳记事开始，记叙了文字与音义在各个时代的发展变化；该部还详细叙述了楷书、行书、草书、篆书、隶书等的形成发展过程；而且还为各大书法家列传，如造字先驱仓颉，草书代表张旭和怀素，行书代表赵孟□等。而且《字学典》还对"文房四宝"作了详细的介绍，《笔部·艺文》还引用了白居易的《难距笔赋》。

（六）《经济汇编》

《经济汇编》为我们展示了古代政治、经济、军事、法律、建筑以及科技的文献资料。主要包括《选举典》《铨衡典》《食货典》《礼仪典》《乐律典》《戎政典》《祥刑典》和《考工典》八典。

《选举典》共包括《选举总部》《学校部》《教化部》《养士部》《乡举里选部》《荐举部》《上书部》《科举部》《乡试部》《会试部》《登第部》等二十九部，共一百三十六卷。主要是有关培养人才以及选拔贤人、推举能人的资料。如《选举总部·汇考一》开篇即讲述了古代舜帝求贤的故事；再如对于历史明君唐太宗李世民广纳贤士的记载：贞观三年四月，皇帝下诏只要有文武才能或语言中肯、行为谨慎、有理想、有抱负的人都可以得到重用。

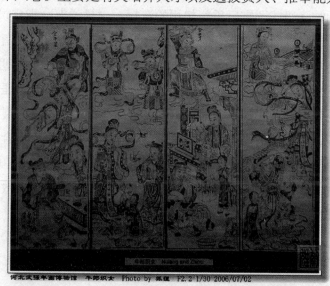

河北武强年画博物馆 牛郎织女 Photo by 孤独 F2.2 1/30 2006/07/02

《科举部》还记录了选举制度的由来、开始年代以及当时中举的一些举子；另外还专列《乡试部》《会试部》以及《登第部》等讲述古代任贤举能的事例。

《铨衡典》共包括《铨衡总部》《官制部》《禄制部》《考课部》《举劾部》《迁擢部》《降黜部》《休致部》《给假部》《起复部》《封赠部》《封建部》十二部，共一百二十卷。《铨衡总部》由汇考和总论组成，主要收录的是从上古到清初康熙年间有关衡量官吏人才、按才能收官以及如何使用官吏的大事件和历代论及官吏的文章；《官制部》是指历代官吏制度和设施；《禄制部》指历代按官职级别规定的俸禄待遇；《考课部》指对官吏才能的测验以及政绩的考查，作为对官员升降任免的依据；《举劾部》指对好官的推荐、对坏官的弹劾；《迁擢部》是关于对政绩好的官员的升迁；《降黜部》是关于对政绩差的官员的处罚；《休致部》是关于官员退休后的待遇；《给假部》是对官员探亲，因病因事等假期的规定；《起复部》是关于官员因罪因冤或其他原因被降级或罢官后重新起用的资料；《封赠部》指官员尽忠国事，建功立业，不仅分以爵位，还对他的家族给予分封；《封建部》指古代的分封制。如《铨衡总部·汇考一》首列了周朝的官员制度，认为从周朝开始设立"天官冢宰"（也叫太宰）这一官职，主要职务是统领百官，辅佐周王朝，"天官冢宰"主要是依据八种法则来治理官府的。第一是官属，用来开展王国的政事；第二是官职，用来区别王国官吏的职责；第三是官联，用来会合各官共同办事；第四是官常，用来考察官吏的工作；第五是官成，用来治理王国的政事；第六是官法，用来端正王国的政风；第七是官刑，用来纠察王国的政事；第八是官廿，用来评断王国的吏治。

《食货典》包括《食货总部》《户口部》《农桑部》《田制部》《蚕桑部》《荒政部》《赋役部》《漕运部》《贡献部》《盐法部》等共八十三部，共三百六十卷。主要是有关国计民生、财政金融的资料。如关于古代户口的《户口部·艺文》里关于唐太宗贞观年间的人口变迁情况：贞观初，户不满三百万，三年后户部上奏因塞外以及突厥投降，获男女一百二十余万口。再如编者在《粥部·艺文》里还引用了陆游的《食粥诗》："世人各个学常年，不悟常年在目前。我的宛丘平易法，只将食粥致神仙。"以及他的《薄粥诗》："薄粥枝梧未死身，饥肠且免转车轮。从来不解周公意，养老长须祝鲠人。"

《礼仪典》包括《礼仪总部》《冠礼部》《婚礼部》《丧葬部》《忌日部》《天地祀典部》《明堂祀典部》《日月祀典部》《星辰祀典部》《风云雷电祀典部》等共七十部，计三百四十八卷。主要是有关国家、个人、天地和鬼神的礼节仪式以及祭祀典礼的资料。如《婚礼部·外编》中引用了《搜神记》中这样的传说：晋代一个名士将他的女儿许配给了邻村，到了结婚那天夫家来迎娶新娘，女家派新娘的奶娘将其送到夫家，到了夫家后，奶娘看见一个女婢正在门口守着，而且廊柱下还有灯火，新房也非常漂亮。到了半夜，新娘一直哭泣却说不出话来，奶娘悄悄地进入房内用手一摸，看见一条蛇像缠柱子一样从头到脚缠着新娘子，奶娘惊讶地跑到廊柱下，一看门口的女婢是一条小蛇，而刚才的灯火竟然是蛇眼。

《乐律典》包括《乐律总部》《律吕部》《声音部》《啸部》《歌部》《舞部》《钟部》《琴瑟部》《琵琶部》《箜篌部》等四十六部，共一百

类书之最——《古今图书集成》

113

三十六卷。主要是有关音乐、歌舞以及各种乐器的资料。如关于各种乐器的，编者在《琵琶部·艺文二》里引用了唐代大诗人白居易的《琵琶行并序》；在《筝部·艺文一》里引用了阮瑀的《筝赋》；在《箫部·艺文一》里引用了王褒的《洞箫赋》；在《笛部·艺文一》引用了李白的《春夜洛城闻笛》："谁家玉笛暗飞声，散入春风满洛城。此夜曲中闻折柳，何人不起故园情？"在《鼓部·艺文二》里引用了李商隐的《听鼓》："城头叠鼓声，城下暮江清。欲问渔阳掺，时无祢正平。"

《戎政典》主要是有关历代军事国防的资料。包括兵制、田猎、兵法、马政、兵器等。《戎政典》里编者设了《戎政总部》《兵制部》《校阅部》《田猎部》《兵法部》《阵法部》《火攻部》《水战部》《旌旗部》《金鼓部》《弓矢部》《射部》《弩部》《弹部》《刀剑部》《长矛部》《攻守诸器部》等三十部，共三百卷。可以说有关行军打仗方面的资料应有尽有。如在《兵法部总论二》中对《孙子兵法》十三篇的介绍："始计第一；作战第二；谋攻第三；军形第四；兵势第五；虚实第六；军争第七；九变第八；行军第九；地形第十；九地第十一；火攻第十二；用间第十三。"

《祥刑典》主要是有关法制、刑律的资料。包括律令、盗贼、牢狱、听断、刑制等。主设了《律令部》《盗贼部》《牢狱部》《囚系部》《刑具部》《鞭刑部》《笞杖部》《肉刑部》《宫刑部》《流徙部》《理冤部》等。如《刑具部·汇考》对于唐太宗时期刑具的记载：唐太宗即位五年，开始改革刑具，制作的刑具都有长短宽窄的分别，杖责用的杖都是三尺五寸。

《考工典》主要是有关我国历代百工之事的资料，包括工艺、器用、工程技术、建筑材料等。主要包括《考工总部》《工巧部》《木工部》《土工部》《金工部》《石工部》《陶工部》《染工部》《漆工部》《织工部》《规矩准绳部》《度量铨衡部》《桥梁部》《宫殿部》等共一百五十五部。

四、因类制宜，查找方便
——《古今图书集成》的使用

　　《集成》囊括了群书，卷帙浩繁，但却以当时较为创新的体例和精妙的编排较为恰当地避免了查找时的困扰。它在今天仍未丧失其珍贵的使用价值。如果想要了解古代的一些知识，在浩如烟海的古籍中找，必然要耗费过多的精力和时间。《集成》则大大提供了便利。我们在使用《集成》查找资料时，首先要熟悉这部书的目录，要把它的类目都弄清楚了。在它各部类的名称中，有的我们可以直接从字面意义上理解，如《家范典》中的《祖孙部》《父母部》《姊妹部》等；但有些难以从字面上确定其内容，而需要我们翻检一下内容，如《人事典》《铨衡典》等。

　　由于六大汇编内容宏博、庞大，类目又多，不可能一一介绍，下面只对如何使用《集成》做简单的介绍，说明其使用方法，其他的以此类推。有的时候，我们所要检寻的资料在《集成》中并非集中在某一处，这就需要我们根据所查资料的一些特征性质到和它相关的部类中查找。

　　宋代的包拯是家喻户晓的人物。如果我们想查包拯的资料，就可以这样查找：首先我们已经知道了六大汇编各自包含的内容，而包拯是宋代的官员，这样就可以将查找定位于记载有关官员资料的部分。经过对《集成》一书内容的了解，我们知道《明伦汇编·皇极典》《明伦汇编·官常典》《经济汇编·选举典》《经济汇编·铨衡部》都是关于官员制度的内容，所以从这几项里我们都可以查找出与包拯相关的记载。

　　如在《明伦汇编·官常典·县令部·纪事二》中就摘录了包拯断"牛舌案"的故事：包拯在扬州的天长县（在现在江苏省）做知县时，有一个农民到县衙门来告状。说他家的牛的舌头被人割掉了，包拯听完他的叙述，想了想，就不慌不忙地

中国古籍巨著

对告状人说："牛舌头割了，就不能再长上去。你回家把这头牛宰了，做成熟肉卖了吧。免得牛不能吃草死了，连肉也不值钱。"农民听完，很不满意，望着包拯，抱怨说："县太爷，小民要是宰了牛，还用什么来耕地？再说，官府也不允许宰杀耕牛……"包拯装作很不耐烦地说："一个牛舌头算得了什么？也值得这样没完没了？快走吧！"农民只得忍气吞声地回去，按包拯的话去做了。第二天，与那个农民同村的人来告状。他说那个农民违反法令，私宰耕牛。包拯看这个人鬼头鬼脑的样子，就紧盯着他问："你告他私杀耕牛，你说，他为什么要杀牛？""因为那牛舌……"刚说到这儿，告状人发现说错了，忙闭上了嘴。包拯猛地站起来，一拍惊堂木，追问说："说！牛舌头怎么样？""牛舌头被割了……""你怎么知道牛舌头被割了？"告状人被问得张口结舌，答不上来。这时候，包拯大声喝道："你给我老实招来，为什么割了牛舌头，又告他的状？"那人听了，大惊失色，赶紧磕头服罪："是小人和他有仇，所以割了牛舌头……"包拯依法处罚了割牛舌头的人。从此，他善于断案的名声便传开了。

《集成》一书专设《明伦汇编·氏族部》，主要是有关各姓的资料，所以我们也可以从《包姓部》查找关于包拯的资料。《明伦汇编·氏族部·包姓部》记载：包氏一姓的源流可以追溯到春秋时期楚国的大夫申包胥的后人，他的后人以他名字中的"包"为姓氏，包拯即是申包胥的后人。按《宋史》记载，包拯是庐州合肥（今安徽合肥）人，北宋天圣五年（1027 年）进士。中进士后，因父母年事已高，不忍远去为官，直到双亲相继去世，守孝完毕，才在亲友的劝说下为官，已时隔长达十年之久，故以孝闻于乡里。

我们都知道包拯曾经做过开封府的官员。所以如果想查他在开封府的事迹，我们就可以在《方舆汇编·职方典》里查找开封府，《开封府部·汇考九》就有关于包拯的记载。

以此类推，我们就可以对《集成》这部书的使用有一个大致的了解。比如，我们想查找"李广射虎"这个典故，就可以在《明伦汇编·官常典·将帅部》先查找李广的事迹；在《明伦汇编·氏族典·李姓部》中查找李姓的代表人物李广；《博物汇编·禽虫典·虎部》是关于虎的全部介绍，所以在这里我们也可以查找出"李广射虎"的典故；《经济汇编·戎政典·射部》主要是有关兵器弓箭的记载，所以从这里我们也可以查找出"李广射虎"这一典故；《理学汇编·学行典·勇力部》主要是有关勇力的资料，所以在这一部里我们也可以查找出"李广射虎"这一典故。读者无论从哪个方面入手都可以查找出这一典故，为读者查阅提供了极大的方便。而且引用的资料都已标明出处，便于查找该资料的原始出处。

我们知道《集成》一书包罗万象，内容广博，以上是从涉及到人物的方面查找，但这仅仅是《集成》的一小部分。比如我们想查找古代某一个朝代的制度抑或是某一制度在前后朝代的变化，就可以查找《明伦汇编·皇极典》《明伦汇编·官常典》《经济汇编·选举典》等；如果想知道我国选举制度的变化发展，我们就可以查找《经济汇编·选举典》。

如果想了解古代关于地震的一些事情，我们就可以查阅《集成》中记载宇宙变异、自然灾害等资料的《历象汇编·庶征典》。查阅《庶征典》就可以发现其内专设了《地异部》，从中可以知道早在公元前 19 世纪，中国就已有对地震的记载。《竹书纪年》写道："夏帝发七年（公元前 1831 年）泰山震。"这是世界上最早的关于地震的记载，距今已有三千八百多年了。其后，对各个年代发生的地震情况都作了收录。如对唐太宗时期地震的记载：按《唐书》记载，贞观十二年正月在丛州府发生地震；贞观二十九年九月在灵州发生地震。关于地震的形成原因，文中也有介绍，主要包含在《坤舆图说》《地震》《兼明书》《论地震》等著作里，大体上有以下几种观点：地下含着一种气体自己会震动；大地就像一条漂浮在海上的船，遇到风

吹或者波浪就会震动；地下有蛟龙或者大鳖，它们翻身会造成地震；地震是因为地下含有热气造成的，地上面一直有太阳照着，地下又一直有火气燃烧着，那么生出的热气就会很多，气体越积越多，最终冲出地面，造成地震。由此可以知道，在古代我国就已经对地震这种自然灾害有了比较科学的认识。

《集成》中并没有对铜作专题介绍，但是可以在《山川典》中查得有关铜作为矿藏的资料；在《食货典》中查得有关铜铸造钱币的资料；在《考工典》中查得有关铜铸造技艺的一些资料。

这样，我们就可以对《集成》的使用有了大致的了解。比如，想知道某个地方在古代属于什么地区，就可以查阅《职方典》；想了解某一姓氏的来源和古代这一姓氏的名人，就可以查阅《氏族典》。了解查检《集成》的使用方法，会为我们在该书中查找某些资料带来极大的方便，而其丰富的资料也会为我们打开广阔的视野。《集成》不愧是一部用途广泛又有极大参考价值的百科全书。不仅中国学者对《集成》赞不绝口，美国学者麦高文、英国学者李约瑟等也都称《集成》是一部最得力的巨型参考书。

中国古籍巨著

五、解惑释疑，辑佚古书
——《古今图书集成》的功用

古代编纂类书的主要目的就是为当时的帝王批阅、浏览以及文人学士撰文赋诗、查找资料提供便利。《集成》对于传播我国古代知识有着非常珍贵的价值。对后世学者来说，由于《集成》征引和保存了历代浩瀚的文献资料，因而具有极为可贵的参考价值，为我们提供了清初及其以前各时期大量的政治、经济、文教等资料，同时也是查找诗文、典故、历史人物等的重要工具书，尤其是对自然科学技术的引用，编者更是不删一字，较为完好地保存了古代对科学技术的一些认识，为后世学者所重视和使用。《乾象典》中《天地总部·汇考二》关于日食的记载："日食非日失其光，乃月掩其光也，月之天在日之下，朔（初一）时月轮飞过日轮之下，南北同经，东西同纬，故掩其光若有失之耳。"同时还配有示意图，高超的技术令我们现代人也不得不叹服。

虽然《集成》本身没有索引，但是《集成》中大量摘录了历代的正史、方志、野史以及笔记等各种类型的文献资料，并将它们按类别或主题加以汇编，就使这些文献资料具有"历代史书主题索引"、"各地地方志索引"、"野史笔记主题索引"等各种主题索引的功能。如想了解我国历代王朝皇后妃嫔的事迹，直接从历代史书中逐个查找，势必要翻阅很多的史书，而利用《集成》可作主题索引，直接查找《宫闱典》中的《皇后部》《妃嫔部》，所有相关资料我们都可以轻而易举地得到。如查找皇后名称的来源，《皇后部·汇考一》引用了《汉书·外戚传》中的记载：天称作皇天，地称作后土，故天子之妃

类书之最——《古今图书集成》

119

称呼为皇后，以取天地的意思。这样，我们再查找《汉书》的原文时就会很省力。

在我国现存的所有类书中，《集成》主要按类别或按主题对相关资料进行汇编，无论是从资料的类型上还是对资料所征引的详尽程度抑或是对后代的实用价值等，都是空前的。《集成》一书将散见于历代各种典籍中的零散资料，进行了精心的编排，形成了一部部专题的资料汇编，可以说每一部典或者部都是一个专题的资料库。如《禽虫典》《草木典》相当于一部中国的生物志；《考工典》相当于一部工程技术汇编；《闺媛典》相当于一部古代女性资料的汇编。

另外，《集成》所录内容鸿博繁多，编纂时间又距现在的年代比较近，对于所引用的内容不是简单地摘录几句，而是整段整篇甚至整部收入，不加任何改动。对于所征引的各种文献资料，都一一详细注明出处，标明所引书名、篇名和作者，以便于查对原书。后来的学者法式善称赞《集成》"荟萃古今载籍，或分或合，尽美尽善"，这种编纂原则较为完整地保存了许多古代的文献资料，尤其是一些已经失传了的书籍。这样，《集成》在整理这些已经失传了的文献资料方面就有着不可忽视的珍贵作用。清朝人张金吾就曾经在《集成》一书里重新整理出了《释迦成道赋》《北岳诗序》等金代的遗文。

《集成》一书为我们提供了许多专题的相关知识，回答了各种基本问题。有着解惑释疑的作用。如《氏族典》中就总结了我国历朝历代的各种姓氏，并介绍了姓氏的起源及其代表人物；《选举典》为我们提供了隋唐以后选举人才的相关内容；《山川典》详细地介绍了我国的大好河山；《岁功典》展示了古代的各种节日以及相关形式；《家范典》介绍了封建社会家庭的各种道德规范以及繁文缛节；《食货典》则介绍了各种食谱菜谱及烹饪知识，各种配料和制作方法以及主要功能，现在仍具有实用价值。

以往的类书都只收录相关事物的文和事，但从来不收录人物传记的资料，而《集成》突破了这种原则，专设人物"列传"一项，这样就使该书的资料性和实用价值大大提高了。文中上自皇帝权贵，文臣武将；下至农工商贾，娼伶奴隶各类人物的传记无所不有，具有非常高的史料价值。各种传记简直就是一部部的专业人物汇编和人名辞典，如《文学典·文学名家列传》就荟萃了历朝历代的文学名家，对我国的古代文学做出了巨大贡献。

同时《集成》的收集非常全面丰富，对于明末清初西方的天文地理、机械制造等传入我国的科学技术都有所记载。使我们能更好地了解同时代西方科学技术的发展状况。

类书之最——《古今图书集成》

六、《古今图书集成》的版本及流传

　　由于《集成》规模宏大，卷帙浩繁，所以它的印刷次数和印刷数量都十分有限，传世的印本十分稀少。因此，对《集成》印刷版本的研究，长久以

来一直深受学术界的关注。经过几代学者的不懈努力，关于《集成》的印刷版本已基本达成了共识。该书现在大概有十种版本，下面将对其逐一进行介绍。

（一）武英殿铜活字本

　　《集成》一书，在经历了十八年的编写、修正后，到雍正元年（1723 年）至四年（1726 年），在删去了真正编者陈梦雷的情况下，用了四年的时间用铜活字排版印成。第一版本共印了六十五部以及一部样书，包括正书一万卷，目录四十卷，一共分订成了五千零二十册（正书五千册，目录二十册），共装在五百二十二函（装书用的套子。正书五百二十函，目录两函）里。板框高20.6 厘米，宽 13.6 厘米，每半页九行字，每行是二十个字，白口，四周双边。据说，印刷所用的铜活字是陈梦雷早在诚亲王府时就已经准备齐全的，而且他还亲自参与了制作。这套铜活字的数目经过后人的考证应该不少于二十五万个，再加上书中图、文、表兼备，所以它的铸造工程非常艰巨。这次的版本用了两种纸张，一种是产自浙江开化县的开化纸，这种纸是清代最名贵的纸张，因为它质地细腻，纸质洁白，无帘纹，纸虽薄但韧性很强，柔软可爱，摸起来十分柔润；一种用的是太史连纸，这种纸张比开化纸稍黄，正面光滑，背面稍涩。两种纸张都是当时大清朝非常名贵的纸张。《集成》印刷精良优美，

中国古籍巨著

装裱又非常华丽，所以成书后非常美观大方，后人将这一版本称为"铜字版""雍正本"或"殿本"。

    铜字版印刷本十分稀少，所以在当时乃至现在都是非常珍贵的版本。在当时只有文渊阁藏太史连纸印本一部，乾清宫藏开化纸印本一部，皇极殿藏两种印本各一部，圆明园中的文源阁存一部，辽宁故宫的文溯阁两种印本各存一部。当时非常有名的私人藏书楼浙江宁波范钦的"天一阁"，祖籍安徽迁居到浙江杭州的汪启淑的"开万楼"，以及同样是从安徽迁居到浙江杭州的鲍廷博的"知不足斋"，还有江苏藏书家马裕等因朝廷编写《四库全书》时献书有功，故各赐一部。据调查研究，现今存世完整的或是残缺的《集成》"铜活字"印本大概共有二十四套，我国国家图书馆和台北故宫博物院都有收藏。另外，伦敦的大英博物馆中藏有一套，法国巴黎和德国柏林也各有残秩一部。

    虽然整体上对《集成》一书的版本没有大的争议，可对于"铜字版"的争议却一直没有停止。关于第一次印本的具体时间和印刷部数历来存在争议。有的学者认为这一版本是雍正六年开始印刷的；而关于印刷部数，有六十四部和六十六部之争，但据后来学者对当时文献资料的考证，应该是六十六部。关于现存世的数量，也是说法不一，学者张秀民认为大约是十二部，而裴芹认为大概是二十四部。如果加上残缺的印本，据考证，二十四部更接近真实的数目。

（二）扁字铅印本

    由于第一版本弥足珍贵，数量稀少，极少数的人才能看得到。所以在清光绪十年（1884 年），由英国人安·美查和弗·美查在上海集股成立了"图书集成印书局"采用铅字印刷《集成》一书，所以第二次印本也被称为"美查本"或"铅字本"，这是国内较早的铅字

排版印刷。此次印刷主要是用机器，采用十开尺寸的大纸，纸薄而均匀，洁白如羊脂玉。选用了多用来制作高级手工印刷品的连史纸印刷，绘图部分则使用较好的宣纸石印。

这部书的印刷前后共用了四年的时间，是以三号扁铅体印的，所以这次印本又称"扁字体"。采用的形式是半页十二行，每行三十八个字，白口，四周单边，单鱼尾。此次印刷共印了一千五百部，每部一千六百二十册，另外还有目录八册。这一版本的携带和存放都比第一版方便。在该版本的牌记（牌记是指直接在书的空白处刻上一行或两行字，说明出书时间、地点或者刻书人、刻书铺号等，大概相当于现代书的版权页）上题的是"光绪甲申年夏上海图书集成铅版印书局集股重印"。这一版本是现代最流行的版本，尤其在国外收藏较多，所以国外绝大多数学者看到的都是这一版本。这一版本对于宣传和利用《集成》一书起到了极大的推动作用。

但该书也有很多不足，"美查本"用的连史纸和绢纸比较起来颜色较黄，印刷所用的又是扁铅字，字与字间距比较窄，而且当时的铅字印刷技术又比较落后，所以到现在已经有许多字都看不清楚了。但是宣纸石印的绘画部分，印刷效果较好，到现在仍十分清晰，也稍稍弥补了该书字体部分的不足。

（三）石印本

光绪帝当政以后感觉到《集成》一书的原印本越来越少，而且当时石印的技术也越来越好，所以使《集成》恢复陈梦雷当初编纂的样子，已经有了现实的可能性。于是在清光绪十六年（1890年），皇帝下旨令当时的上海同文书局石印一百部《集成》，因此这次版本又称为"同文版"或"光绪版"。此版本主要是用来赠送外国使节和嘉赏有功大臣的。所以印书所用纸张非常讲究，主要用的是洁白如玉的开化纸，这种纸被当时人称为"桃花纸"。用纸三开大小，而且图书的装订也与第一版相同。这次版本的印刷质量追求精益求精，对于所用底本中图画丢失、页数缺失以及字画不清楚和纸张中泛出的黄色斑点等现象，印刷人员都用粉笔加以涂盖，再用墨笔重新加以描写，所以这次的印本墨色鲜明。此次印刷共花费三年的时间，直到光绪二十年（1894年）才正式出版。

上海同文书局，是中国人自办的第一家近代石版印刷图书出版机构。光绪八年（1882年），由徐鸿复、徐润等集股在上海成立，专门用来翻印具有较高文物价值的古书版本。当时的同文书局购置了石印机十二架，雇佣了五百多名工人。石印本《集成》费时三年，耗费白银高达五十万两，所以此次印刷质量上乘、规模浩大，堪称当时印刷界的一大盛事。这次版本最难能可贵之处在于增刊了清代龙继栋所作的《考证》二十四卷，这二十四卷订正了原书引文的错误和脱漏之处大约两万条。

但是令人感到遗憾的是，光绪十九年（1893年）五月十七日，该局不慎发生火灾，大批设备被焚毁，这次印刷的本数本来就不多，除少量赠送外国友人和奖赏大臣外，存于书局的都被大火烧毁，所以流传下来的版本非常稀少。价值不亚于"铜活字"版本，清末时期该书一整套就索价白银一万两，到现在更可以说是难以估价。

（四）第四次影印本

第四次影印本是 1934 年由上海中华书局影印的缩小本。因此此次印本又称作"中华书局本""中华本"或"缩印本"。主要是以康有为所收藏的雍正殿本为底本，同时又借用浙江省立图书馆所藏的文澜本补充。纸张采用的是江南造纸厂的机制连史纸，三开大本，将原书的九页合为一页，缩小印刷。成书后的尺寸板框高 16.5 厘米，宽28 厘米，版式是上中下三栏，每栏二十七行，每行二十个字，黑口，四周双边，单鱼尾。缩印后字

的大小相当于现在的五号铅字，版面清晰而篇幅大减，所以查阅起来相当方便。第四次印本共合计四万五千余页，一共分订成八百零八册，其中一至六册为目录，七至八百册是书的内容，八百至八百零八册为考证，同时又将借来的浙江省立图书馆所藏的文澜本以六页合成一页影印，版式为两层楼形式，共计八册。当时每部定价八百元，从 1934 年 10 月第一期交书六十二册开始，直到 1940 年 2 月才将整套书出齐，基本上印了一千五百份。这次印本校勘精细，字迹清晰，墨色均匀，查阅方便，切合实用，是现在运用最广泛最精善的版本。台湾也以这个版本为底本出版了三个版本的《集成》：有 1964 年文星书局版本，精装一百零一册；1964 年的艺文书局版本，精装七十九册；1977 年鼎文书局本，精装七十九册。

上述四种版本都已经成为珍贵的古籍，除少数收藏机构和个人收藏外，社会上早已绝迹。

（五）第五次联合影印本

《集成》的第五个印本也被称为"文星版"或"文星书店本"。是由台湾的台北文星书局在 1964 年印刷出版的。该书主要是以"铜活字本"为底本影印。采用十六开的本子，精装。

（六）第六次鼎文影印本

《集成》的第六个印本也被称为"鼎文本"。是由台湾的台北鼎文书局于 1977 年 4 月影印出版的。此次影印和"文星版"所采用的底本和装订形式都是一样的。到 20 世纪 80 年代，江苏古籍书店曾以该版本为底本进行影印，装订形式为十六开本精装本，每部二百四十五册，但是印刷数量很少，现在也很难见到。

（七）第七次巴蜀影印本

第七次版本也称"巴蜀版"。由中华书局和巴蜀书社于 1985 年到 1988 年联合影印。全书统一采用十六开精装，共八十二册。此次印刷以中华书局 1934 年的印本为底本。包括目录、正文、考证及广西大学古籍整理研究所编制的索引，黑色漆皮封面，并配有函套。但由于当时的条件有限，所以此次印本无论是设计、用纸还是印刷质量等方面都不尽如人意。当时只发行了八百余套，现在已经不易找到。

值得提及的是此次印书版本加上了广西大学编写的《古今图书集成索引》，其实在广西大学编纂之前，外国学者就已经把《集成》作为研究中国科技文化的重要文献资料了。早在 1907 年圣彼得堡就出版了瓦伯尔的《古今图书集成方舆汇编索引》；1911 年由伦敦英国博物院出版了翟理斯编写的《钦定古今图书集成索引》，方法是将条目英译后按英文字母的顺序排列，并附带中文。1933 年大连右文阁发行了日本泷泽俊亮编著的《古今图书集成分类索引》；1972—1977年日本汲古书院出版了《古今图书集成引用书目录稿》。

（八）第八次影印本

《集成》的第八次印刷版本也称作"齐鲁版"。由齐鲁书社与中国国家图书馆合作于 2006 年影印出版。主要是将国家图书馆馆藏的"铜活字本"按原大小影印，手工印刷装订，分装成五千零二

十册，五百二十函，共印制五十部。

（九）电子版本

第九种版本是 1999 年台湾以藏在台北故宫博物院的铜活字本为蓝本出版了电子版的《集成》。使这部书被更多的人所知晓应用。《集成》的印刷本有一万卷，五千多册，可是电子版仅需要二十七张光碟就将全书的内容收录，再加上索引共二十八张光碟。将这部珍贵的《集成》加以现代化，而且电子版在检索质量和检索速度等方面都远远超过了印刷版，便于我们更好地利用《集成》。

（十）排印本

第十种版本是由吉林文史出版社出版的《集成》排印本。

目前可以看到的版本主要有中华书局影印本、台湾鼎文书局影印本、吉林文史出版社排印本。

当然《集成》这部卷帙浩繁、包罗万象的巨作，也并不是十全十美、没有瑕疵的。这部实用价值较高的大型类书，由于其征引了上自先秦下至清初的大量史料，所以在辑录资料时难免会出现征引错误或是丢失缺漏资料等问题。而且从《集成》的编纂背景来看，它是由康熙帝"钦定"的一部类书，而且编写者陈梦雷又蒙受皇恩，所以难免在编写过程中带有阶级的烙印，有着封建的正统思想，存在着时代和阶级的局限。如从三级类目安排和内容概括上就可以反映出封建正统观念及其伦理、道德的标准，编排顺序上如《明伦汇编》中编者先介绍"皇"接着是"官"而后是"家"，这也正符合了封建社会的实际情况。分类上编者把乞丐、刺客、娼妓等列入《艺术典》，而把历代领导农民起义的人物列入《盗贼部》等等。文中还专设《神异典》《术数部》，各部后还大多有外编，内容主要是关于神仙鬼怪、星命巫术、风水相面等迷信资料。

但这并不能影响《集成》的整体功用，而且从当时编者所处的社会环境来看，这样的编排仍不失为当时组织辑录知识的最佳手法，因为整个结构体系以及内容囊括上是完整的。真正做到了编者所言的"凡在六合之内，巨细毕举，其在'十三经''二十一史'者，只字不遗。其在稗史子集者，十亦只删一二"原则。

《集成》在编制过程中，留存的资料非常少，再加上它卷帙浩繁，排版和印刷都不是在短时间内可以完成的，而有些版本又流传甚少，所以各图书馆或是个人引用时，常有歧义之处，我们在查找阅读时要谨慎对待。

类书之最——《古今图书集成》

儒家经典——《四书五经》

　　《论语》《孟子》《大学》《中庸》合称四书，《诗经》《尚书》《礼记》《周易》《春秋》合称五经。这九部儒家经典是众多儒学大师们一生体悟的结晶，其内容博大精深、包罗万象，其中有治国之法，有为人之要，有处世之方，有自省之道。当世界变得日益浮躁和功利化的时候，我们如能捧起儒家经典，细细品味，自然会领悟到淡泊明志、宁静致远的重要。

一、"四书五经"概述

以孔子为创始人的儒家学说是中华文化的主干，而"四书五经"则是儒家思想的代表，是中国传统文化的重要组成部分，更是中国历史文化古籍中的宝

中国古籍巨著

典。儒家经典"四书五经"包含的内容极其广泛,在世界文化史、思想史上具有极高的地位。"四书五经"翔实地记载了中华民族思想文化发展史上最活跃时期的政治、军事、外交、文化等各方面的史实资料及影响中国文化几千年的孔孟重要哲学思想。

"四书五经"中的"四书"是《大学》《中庸》《论语》《孟子》这四部著作的总称。据称"四书"分别出于早期儒家的四位代表性人物曾参、子思、孔子、孟子，所以称为《四子书》（也称《四子》），简称为《四书》。南宋光宗绍熙元年（1190年），当时著名理学家朱熹在福建漳州将《大学》《论语》《孟子》《中庸》汇集到一起，作为一套经书刊刻问世。这位儒家大学者认为"先读《大学》，以定其规模；次读《论语》，以定其根本；次读《孟子》，以观其发越；次读《中庸》，以求古人之微妙处"，并曾说"《四子》，《六经》之阶梯"（《朱子语类》）。朱熹著《四书章句集注》具有划时代意义。汉唐是"五经"时代，宋后是"四书"时代。

"四书五经"中的"五经"是指《周易》《尚书》《诗经》《礼记》《左传》。《周易》，也称《易》《易经》，列儒家经典之首。《周易》是占卜之书，其外层神秘，而内蕴的哲理至深至弘。《尚书》，古时称《书》《书经》，至汉称《尚书》。"尚"便是指"上""上古"，该书是古代最早的一部历史文献汇

编。《诗经》，先秦称《诗》或《诗三百》，是中国第一本诗歌总集。汇集了从西周初年到春秋中期五百多年的诗歌三百零五篇（原三百十一篇），是西周初至春秋中期的诗歌总集。"三礼"之一的《礼记》，是战国到秦汉年间儒家学者解释说明经书《仪礼》的文章选集，是一部儒家思想的资料汇编。《左传》，也称《左氏春秋》《春秋古文》《春秋左氏传》，古代编年体历史著作。《左传》本不是儒家经典，但自从它立于学官，后来又附在《春秋》之后，就逐渐被儒者当成经典。

历代科举选仕，试卷命题无他，必出自"四书五经"，足见其对为官从政之道、为人处世之道的重要程度。由于这些因素，使"四书五经"不仅成为了儒学的重要经典，而且也成了每个读书人的必读书，成了直到近代全国统一的标准的教科书。所以，有人把"四书五经"与西方的《圣经》相比，认为它是东方的"圣经"。事实上，无论就其流传的广泛，还是就其对于中国人人格心理塑造影响的深刻来看，这种比拟都是一点也不为过的。"四书五经"是延续中华文化的千古名篇、人类文明的共同遗产。

二、"自天子以至于庶人，壹是皆以修身为本"——《大学》

　　《大学》原是《礼记》中的一篇如何学习修身、治国之道的文章，作于汉初。在汉代尚未引起人们的特别重视，直到唐代韩愈提出儒家道统论，讲"大学之道"，才开始为人们所注意。到了宋代，二程推崇《大学》，把《大学》作为"入德之门"。朱熹进而把《大学》从《礼记》中抽出来，与《中庸》《论语》《孟子》合编在一起，又认为收在礼记中的《大学》本子有错乱，便把它重新编排了一番，分为"经"和"传"两个部分。其中"经"一章，是孔子的原话，由孔子的学生曾子记录；"传"十章，是曾子对"经"的理解和阐述，由曾子的学生记录。

中国古籍巨著

　　"大学"就是"大人之学"。"大人"有两种含义：一是指成年之人，可以在社会上立足，因此需要知书明理，通晓人生之道；二是指充实而有光辉的伟大人格，可以在社会上表现道德芳表，修己治人，风动草偃，以平天下为最高目标。这两种含义并不冲突，却有先后顺序。所以《大学》主张："自天子以至于庶人，壹是皆以修身为本。"

　　旧说《大学》是孔子的学生曾参所作，而曾参又是从孔子那里听来的。所以朱熹作《大学章句》就把这篇文章的第一大段总论分作"经"，说它是"孔子之言而曾子述之"。后边进一步阐述总论的文字分为十小段，它们充当"传"，来解释经文，阐明"经"的意义。并且说："其传十章，曾子之意而门人记之。"由于这样一改动，所以后人称之为《致本大学》，与原始的《古本大学》，在内容上颇有些不同。

　　总之，《大学》的作者与成书年代不可确考，从内容上看，与先秦孔、孟、苟有思想联系，是对先秦儒家政治哲学的概括，可为儒家政治哲学的代表作。

（一）《大学》中的"三纲八目"

《大学》开宗明义写道："大学之道，在明明德，在亲民，在止于至善。"

"明明德"就是修明天赋的光明德性；"亲民"就是管理好臣民百姓；"止于至善"就是要达到至善至美的境界。这三个基本原则被认为是封建统治者一生努力的方向和奋斗的目标，所以也叫做"三纲"。

《大学》对这种思想内容作了总概括："古之欲明明德于天下者，先治其国；欲治其国者，先齐其家；欲齐其家者，先修其身；欲修其身者，先正其心；欲正其心者，先诚其意；欲诚其意者，先致其知；致知在格物。物格而后知至，知至而后意诚，意诚而后心正，心正而后身修，身修而后家齐，家齐而后国治，国治而后天下平。自天子以至于庶人，壹是皆以修身为本。"

这是说，古代凡是想在天下发扬明德的人，首先必须治理好自己的国家；想治理好自己国家的人，首先必须整顿好自己的家族；想整顿好自己家族的人，首先应该修养好自身；想修养好自己的人，首先必须端正自己的心；想端正自己的人，首先必须使自己意念真诚；想使自己意念真诚的人，必须首先要获得知识；想要获得知识的人，就在于领悟事物的道理。若是事物的道理领悟了，知识才能获得，意念才能真诚，才能治理好家族，国家才能整顿好，天下才能太平。从天子到庶人，都应该把修身当做根本。

《大学》在这里提出了"格物""致知""诚意""正心""修身""齐家""治国""平天下"八个步骤，也叫做"八条目"。"八条目"是"三纲"的具体化，是实现"三纲"的具体步骤。在这"八条目"中，又以"修身为本"，天子要修身，庶民也要修身；君子要修身，小人也要修身。修身是基础，是根本，是治国平天下的第一步，只要大家都把身修好了，天下也就太平了。"身"是具体生命的存在，一定落实在人与人的关系上。因此，"修身"所要求的就是在与人交往方面，修养自己的品德。正如《礼记·大学》中说："古好而知其恶，恶而知其美者，天下鲜矣。"

修养品德，首在避免成见，不再以自我为中心的立场对别人预作判断，使人际关系受到扭曲。我们会对哪些人有成见呢？根据《大学》所云，对我们所亲爱的、所贱恶的、所敬畏的、所哀矜的，以及所傲惰的人。如果我们对某人亲近爱护，就会凡事由好的一面去为他设想，而对于我们所厌恶的人，情况就相反了。人的气质各有不同，嗜好兴趣也千差万别，"党同伐异"似乎难以避免。如果加上一些误会，更会造成恶性循环，把天下的恶行劣迹都归诸此人。

我们同样敬畏尊敬一些人，或者同情哀怜一些人。前者出于自卑心理，后者出于自负心理。这两种心理都会影响我们的判断及行动。每一个人都有值得尊敬的优点与值得同情的弱点，我们却往往先入为主，不知道人的生命是动态发展的。如果我们成见太深，见人不明，最后损失的还是自己。此外，我们还会对人傲视怠慢。殊不知人在道德修养方面是完全平等的，一但心存骄傲，自己的行为就无法中规中矩，谈不上"修身"了。所以《大学》总结说："古好而知其恶，恶而知其美者，天下鲜矣。"很少有人可以不存偏见，就事论事，对别人保持开放的胸怀平等交往。修身确实不是一件容易的事。

（二） 《大学》中的政治观

　　在政治观上，《大学》直接秉承了孔子、孟子的思想，主张统治者不要过分剥削人民，要爱民，其目的在于巩固封建等级制度；它强调统治阶级要修己，目的在于取得被统治阶级的同情，达到所谓上行下效的结果。它写道：

　　"所谓平天下在治其国者：老老而民兴孝，上长长而民兴弟，上恤孤而民不倍，是以君子有絜矩之道也。所恶于上，毋以使下；所恶于下，毋以事上；所恶于前，毋以先后；所恶于后，毋以从前；所恶于右，毋以交于左；所恶于左，毋以交于后。此之谓絜矩之道。"《诗》云："乐只君子，民之父母。民之所好好之，民之所恶恶之。此之谓民之父母。"

　　《大学》把封建主义的政治和伦理关系熔铸在一起，把阶级压迫的关系说成是家庭父慈子孝的关系。而治国必先齐家，"所谓治国必先齐其家者，其家不可教而能教人者，无之。故君子不出家而成教于国：孝者，所以事君也；弟者，所以事长也；慈者，所以使众也"。封建的孝道是以家长为统治基础的封建社会宗法制度的体现，是束缚人民的绳索之一，是中国小农经济的生产关系在伦理观上的突出表现。《大学》看到了封建社会潜伏的和现存的许多矛盾，其中最主要的是地主阶级和农民阶级之间的矛盾，为了消除这些矛盾，它并不是从根本上，即从社会制度方面找原因，而是企图将其建立在伦理基础之上，以家庭的伦常关系，以个人道德的自我完善、自我修养来调解和消除这些矛盾。《大学》认为，一个协调的封建社会要取决于家庭伦常关系的确定和家庭成员的道德修养。只要人人都能行忠恕之道，社会矛盾就会得以调和。就是说，只要互谅、互让，就可以取得社会安宁。《大学》这种理论，对于取得政权的封建统治阶级是十分有利的，因此它成了历代统治集团的伦理哲学理论之一。

孟子的"得天下有道，得其民，斯得天下矣"观点，在《大学》中体现为"道得众则得国，失众则失国。是故君子先慎乎德"。《大学》对德与财的关系，作了精辟论述："是故君子先慎乎德。有德此有人，有人此有土，有土此有财，有财此有用。德者本也，财者末也。外本内末，争民施夺。是故财聚则民散，财散则民聚。是故言悖而出者，亦悖而入；货悖而入者，亦悖而出。"

《大学》也讲生财之道："生财有大道，生之者众，食之者寡，为之者疾，用之者舒，则财恒足矣。"在封建社会，统治者大都是"以身发财"。《大学》遵循儒家的道德政治，在义利观上主张："国不以利为利，以义为利也。"未有上好仁而下不好义者也，未有好义其事不终者也，府库财非其财者。"

《大学》是孔、孟、荀关于道德与政治理论的系统化，是儒家伦理政治的代表，是儒家政治哲学的代表作。它所代表的儒家政治哲学有其自身的特点，即把政治建立在伦理的基础上，从人的自我管理，即"修身"，到家庭管理，即"齐家"，到国家管理，即"治国"，到天下的管理，即"平天下"。这一管理系统有其合理内容，把家、国、天下的长治久安，建立在人的修身，即人的理性自觉、人的自我完善基础上，将是未来社会的最佳理想。

《大学》原为封建社会的政治哲学，目标在于"人治"，现代加以诠释，《大学》变为理想社会的政治哲学，目标也在于人治，不过这个人治不是个人专制的封建社会"家天下"之"人治"，人的理性自觉的"公天下"，即人人自我管理的人治。这样人的人治就是人类社会的最高理想。

三、"一日克己复礼，天下归仁焉"——《论语》

　　《论语》是记载孔子及其学生言行的一部书。孔子(约前551—前479年)名丘，字仲尼，春秋末期鲁国人，是我国古代伟大的教育家、政治家和思想家，儒家学派创始人。其祖先原是宋国贵族，因政治变乱逃到鲁国。孔子幼年丧父，家境贫困，年轻时做过管理牛羊和仓库的小吏。中年以后，聚徒讲学。50岁以后，做过几年鲁国大夫。下野后，率领门徒周游列国，寻找政治出路，历经十年，但处处碰壁，始终没有得到任用。晚年回到鲁国，以整理古代典籍、教授门徒了却余生。《论语》一书是孔子和一些孔子弟子的言行录，大约是在孔子死后七十多年的战国初期（前400年左右）由孔子的弟子以及再传弟子纂辑而成的。

　　《论语》共20篇，篇名取篇首的两三个字为题，并无具体意义，如第一篇第一句话是"学而时习之"，所以该篇就叫《学而》。一段话为一章，全书共有492章，一万三千余字。据《汉书·艺文志》说，"论"是论纂、编排的意思，"语"是谈话记录，"论语"就是语录汇编。里面主要记载了孔子及其部分门徒如曾子、子夏等人的言论，还记载了一些孔子的行为。全书内容涉及政治、经济、伦理、教育、哲学、历史、文学、艺术、道德修养等方面，有很高的历史价值和学术价值，是研究孔子思想最直接的材料。

（一）《论语》的"仁""礼""义"思想

　　研究孔子的思想主要靠《论语》，通过孔子和弟子们的谈话，

我们可以认识孔子的天命观、道德观、政治观、教育观等等，同时还可以看出所有这些观点中都贯穿着一个本质的思想，那就是"仁"。"仁"这个词在孔子以前已广泛使用，但作为哲学范畴提出，是从孔子开始的。"仁"在孔子思想中是最高、最根本的理想和准则。所以《论语》说孔子很少谈功利、天命，最崇拜、最赞许的是"仁"。

"仁"字在《论语》中出现百次以上，但含义宽泛而多变，每次讲解并不完全一致。对于"仁"的确切含义，《论语》中并没有纯定义式的解说，常常是根据提问人的不同情况随问随答，每次讲解并不完全一样。如颜渊问什么是仁，孔子说："克己复礼为仁。一日克己复礼，天下归仁焉。"克制自己，使自己的言行合于礼，这就是仁。一旦克制自己而使言行都合于礼，天下的人就会称许你是仁人。具体做法就是："非礼勿视，非礼勿听，非礼勿言，非礼勿动。"不合于礼的东西不看，不合于礼的话不听，不合于礼的话不说，不合于礼的事不做。

樊迟问什么是"仁"，孔子说："爱人。"子贡问："如有博施于民而能济众，何如？可谓仁乎？"如果有人能广泛地把好处给人民而且能够周济大众，这个人怎么样？可以算是仁人吗？孔子说：何止是仁人！一定是圣人了！尧舜大概还做不到哩！仁人要做到："己欲立而立人，己欲达而达人。"自己想树立的也帮助别人树立，自己想达到的也帮助别人达到。凡事能够推己及人，可以说是实行仁的方法了。

这表明，孔子所讲的"仁"，有对己、对人两个方面的基本含义。对己就是"克己复礼"，即克制自己，使视、听、言、动都合乎礼，一旦做到了这点，天下都会称许你是个仁者。"克己"不仅是消极意义的自我克制，还包含积极意义的自觉实行。君子不会有哪怕一顿饭的时间离开仁，即使在匆忙紧迫、颠沛流离的情况下也一定要实行仁。只有立志实行仁，才会无过无恶。对人的方面也有积极和消极两层含义，即"忠"和"恕"。"忠"就是积极地为别人着想，要爱人，对人有同情心，有关心他人的真实感情，自己想通达也使别人通达，无论何时何地都设身处地考虑别人的利益，时刻反省"为人谋而不忠乎"，替人家办事有没有不尽心竭力？"恕"就是消极意义的推己及人，"己所不欲，勿施于人"。孔子说，他的思想学说有一个"一贯之道"，他的学生曾参解释说，这个"一贯之道"就是"忠恕"，忠恕是仁的合体，所以"一贯之道"就是仁。只有有仁德的人，才能以正确的态度爱人，才能以正确的态度恨人。

仁有时还指一种理想的行为规范和高尚的品德。樊迟几次问孔子怎样才算仁，孔子有时说："仁者先难而后获，可谓仁矣。"

有仁德的人对艰难的工作抢先去做，对获功论赏的事则退居人后。即吃苦在前，荣誉在后。那么，怎样做才是仁？孔子说：能在天下实行五种美德，就是仁了，即庄重、宽厚、诚信、勤敏、慈惠。

"仁"作为哲学范畴，常指人的主观的自觉精神。《论语》中说：仁离我们很远吗？只要我想达到仁，仁就可以达到。这就是说一个人要达到仁，实现仁的理想，只有靠自觉的意识才能做到，即使暂时达不到，但坚持下去，终有一天能达到。靠外力的强制是做不到仁的，仁完全是一种主观化的内在要求。这一思想，对后世主观唯心主义有很大的影响。

《论语》讲"仁"，还常表述为一种积极的斗争精神："志士仁人，勿求生以害人，有杀身以成仁。"志士仁人，不贪生怕

死而损害仁，只有牺牲自己而成全仁。这种为实现仁而努力奋斗、积极进取、不惜牺牲、舍我其谁的精神，这种理性的历史责任感，在漫长的中国历史上曾感染、教育、熏陶了无数仁人志士，所起的作用主要是进步的、积极的。

但《论语》又一再指出：仁的境界是很难达到的，除了少数几个古代圣人外，当代没有人能够真正做到仁。"如有王者，必世而后仁。"如果有圣明的君主出来，也一定要经过三十年之后才能实现仁。在三千弟子中，孔子认为只有颜渊能在三个月时间里想着仁，这已是很难能可贵了，其余的只是暂时偶然达到而已，没有能保持长久的。所以孔子对仁的实现也缺乏信心，他说："我未见好人者，恶不仁者。有能一日用其力于仁矣乎？我未见力不足者。盖有之矣，我未之见也。"我没有见过好仁德的人，也没有见过憎恶不仁的人。有谁能在一天用他的力量去实现仁呢？我没有见过力量不够的。大概这种人是有的，只是我没有见过。

除了讲"仁"之外，孔子还讲"礼"。

孔子讲"仁"是为了释"礼"，维护"礼"。"礼"就是以血缘为基础，以等级为特征的氏族统治。孔子十分重视礼，认为对一般人来说，"不学礼，无以立"；对统治者来说，"上好礼，则民易使"，"上好礼，则民莫敢不敬"。因此，孔子主张"克己复礼"，要求人们"非礼勿视，非礼勿听，非礼勿言，非礼勿动"。但孔子对于礼有自己独特的理解。他曾说："礼云礼云，玉帛云乎哉！乐云乐云，钟鼓云乎哉！"

孔子的意思是说，礼乐不仅仅是一种形式和节奏，而是有着更为本质的内涵。那么，这个更本质的内涵是什么呢？《论语·阳货》中的一段记载，给我们提供了很珍贵的启示："宰我问：'三年之丧，期已久矣。君子三年不为礼，礼必坏；三年不为乐，乐必崩。旧谷既没，新谷既升，钻燧改火，期可已矣。'子曰：'食夫稻，衣夫锦，于女安乎？'曰：'安。''女安则为之。夫君子之居丧，食旨不甘，闻乐不乐，居处不安，故不为也。今女安则为之。'宰我出，子曰：'予之不仁也。子生三年，然后免于父母之怀。夫三年之丧，天下之通丧也。予也有三年之爱于其父母乎？'"

宰我问道："为父母守丧三年，为期太久了吧？君子三年不习礼仪，礼仪一定会被败坏；三年不奏乐，乐一定会被毁掉。陈谷子吃完了，新谷子不登场，钻火改木周而复始，一年也就可以了。"孔子说："守丧不满三年就吃白米饭，穿花缎衣，对于你来说能心安吗？"宰我说："心安。"孔子说："你心安，那你就那样做吧！对于君子来说，有丧在身，吃美味不觉得味美，听音乐不觉得快乐，闲居也不觉得安适，因此不像你说的那样做。现在你既然觉得心安，那你就那样做吧！"宰我出去后，孔子说："宰我真不仁啊！子女生下来三年，然后才脱离父母的怀抱。三年的守丧期，是天下通行的丧礼，宰我难道就没有从他父母那里得到过三年怀抱的爱抚吗？"

除了讲"仁""礼"之外，孔子还讲"义"。"义"是由"仁"的根本指导思想所决定的办事原则。孔子说："君子喻于天下也，无适也，无莫也，义之与比。"

"君子喻于义，小人喻于利。"对于孔子的"仁"，要从孔子所处的历史环境中给予评价。从根本上说，"仁"字的本义是"仁者，人也"，就是"以人为本"，也就是"爱人"。孔子生当乱世，他家原是宋国贵族，后来贫穷没落才流落到鲁国。他幼年丧父，年纪不大就出去谋生，还要赡养母亲。所以他和下层社会有着一定的联系，从而同情下层人民的

处境。当时是列国纷争、生灵涂炭、拿人不当人的奴隶社会末期。面对这样一个黑暗的现实社会，孔子举起"仁"的旗帜，倡导"泛爱众而亲仁"，无疑是很伟大的。而且他也是尽自己能力之所及、身体力行的。在孔子以前，学校把持在贵族手中，只有贵族弟子才能上学，从孔子开始办私人学塾，以"有教无类"的方针广收下层社会的平民弟子入学，并提出一套丰富且有意义的教育治学的方法，这就是孔子伟大人格的具体表现！

(二) 孔子"以民为本"的政治思想

在政治方面，孔子还提出了爱护百姓、以民为本的德政思想。《论语》特别强调道德教化而贬低行政命令和刑罚的作用，指出："道之以政，齐之以刑，民免而无耻;道之以德，齐之以礼，有耻且格。"

以政令来教导，以刑罚来管束，百姓会因求免于刑罚而服从，但不知羞耻;以德行来教化，以礼制来约束，百姓会知道羞耻并且可以走上正善之途。

与爱民相联系，统治者要得到百姓的拥护还必须加强自身修养与自我约束。《论语》说："政者，正也。子帅以正；孰敢不正?"政就是正的意思，统治者带头走正路，谁还敢不正呢？如果统治者的行为正派，就是不发命令老百姓也会执行。统治者的行为不正派，就是三令五申百姓也不听从。如果不能端正自己，又怎么能端正别人呢？

《论语》倡导的政治主义，被孟子仁政学说继承发展，在后来许多进步思想家的重新解释下，对于缓和阶级矛盾、减轻人民负担，产生过深远的积极作用。

144

(三) 《论语》中的名言警句

《论语》有很多生动精辟的名言警句，读了令人难忘，发人深省。如："温故知新"（温习旧的知识，获得新的理解和体会。也指吸取历史经验，更好地认识现在）；"是可忍孰不可忍"（如果这件事情能容忍，那还有哪件事情不能容忍！也就是说这是最不能容忍的事情了）；"三思而后行"（经过反复考虑，然后再去做）；"任重道远"（责任重大，要经历长期的奋斗）；"己所不欲，勿施于人"（自己不想做的事情，不要强加给别人）；"四海之内皆兄弟"（天下的人都像兄弟一样）；"人无远虑，必有近忧"（人没有长远的考虑，一定会出现眼前的忧患）；"不患寡而患不均"（不必担心财富不多，只需担心财富不均）等等，长期以来已经成了成语，至今仍有很大的影响力。

孔子的思想在我国历史上影响最大、时间最久、涉及面最广，在世界上也有很大影响。孔子成了"万世师表"，被推崇为"大成至圣先师"，他的名字几乎妇孺皆知。因此，记载孔子思想的《论语》一书，也对中华民族产生了其他任何文献所难以比拟的巨大影响。两千多年间，它不但是士人必读的教材，还是统治者言行的是非标准。它蕴涵的丰富的思想内容，日益渗透到人们的生活、习惯、风俗、行为方式和思维方式中，通过传播、熏陶和教育，对于形成中华民族的道德、文化、心理状态和铸造中华民族的民族性格等方面，起了重要作用。

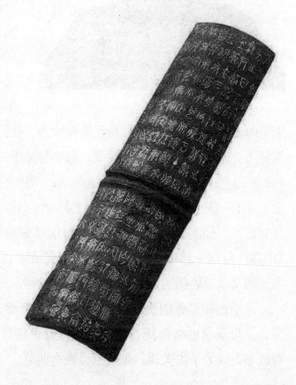

四、"居心于仁，由义而行"——《孟子》

　　《孟子》一书是孟子的言论汇编，由孟子及其弟子共同编写而成，记录了孟子的语言、政治观点和政治行动的儒家经典著作。《孟子》一书虽以孟子为名，但其作者非止于孟子一人，孟子的学生万章、公孙丑等人也参与了编著。

　　孟子，名轲，字子舆（字子车、子居）。父名激，母仉氏。公元前 380 年左右出生于邹国（今山东邹县）。时值战国中期，社会正处于大动荡的年代，诸侯纷争，战火频仍，四海不宁。在思想上，"百家争鸣"，各家各派的学者纷纷收徒授学。当时的青年学子在师承关系方面，有许多流派可供选择。孟子师承子思，继承并发扬了孔子的思想，成为仅次于孔子的一代儒家宗师，有"亚圣"之称，与孔子并称为"孔孟"。他曾仿效孔子，带领门徒游说各国。但不被当时各国所接受，退隐与弟子一起著书。有《孟子》七篇传世：《梁惠王》上、下；《公孙丑》上、下；《滕文公》上、下；《离娄》；《万章》上、下；《告子》上、下；《尽心》上、下。其学说出发点为性善论，提出"仁政""王道"，主张"德治"。南宋时朱熹将《孟子》与《论语》《大学》《中庸》合在一起称"四书"。从此直到清末，"四书"一直是科举必考内容。孟子的文章说理畅达、气势充沛并长于论辩。

　　孟子远祖是鲁国贵族孟孙氏，后家道衰微，从鲁国迁居邹国。孟子 3 岁丧父，孟母艰辛地将他抚养成人，孟母管束甚严，其"孟母三迁""孟母断织"等故事，成为千古美谈，是后世母教之典范。

孟子是儒家最主要的代表人物之一，但孟子的地位在宋代以前并不很高。自中唐的韩愈著《原道》，把孟子列为先秦儒家中唯一继承孔子"道统"的人物开始，出现了一个孟子的"升格运动"，孟子其人其书的地位逐渐上升。宋神宗熙宁四年（1071年），《孟子》一书首次被列入科举考试科目之中。元丰六年（1083年），孟子首次被官方追封为"邹国公"，翌年被批准配享孔庙。之后《孟子》一书升格为儒家经典，南宋朱熹又把《孟子》与《论语》《大学》《中庸》合为"四书"，其实际地位更在"五经"之上。元朝至顺元年（1330年），孟子被加封为"亚圣公"。明朝朱元璋辑有《孟子节文》，删掉《孟子》里的章句，如"民为贵，社稷次之，君为轻""残贼之人谓之一夫，闻诛一夫纣矣，未闻弑君也"等。

孟子是中国古代伟大的思想家、战国时期儒家代表人物之一。他的学说是对孔子的仁学思想的继承与发展。孔子的"仁"是一种含义极广的伦理道德观念，孟子又把它扩而充之，使之发展成为包括思想、政治、经济、文化等各方面的施政纲领，即仁政。所谓"仁政"就是爱民之政，王天下之政，以民为重之政。

（一）孟子的政治思想

《孟子》一书的核心是推行"仁政"的政治思想。在政治上，仁政反对兼并战争。孟子认为，兼并战争是造成人民生活困苦和各种祸乱的根源。因此必须制止兼并战争，并对那些怂恿本国君主燃起战火的人严加惩处。孟子虽然反对兼并战争，却并不反对统一。他认为统一是使天下安定的根本保证。法家认为兼并战争是统一的唯一途径，而孟子则认

为只有实现仁政，用"仁"的思想力量使天下归服，才是真正的统一。

在经济上，仁政主张减轻赋税和制民之产。战国时期的赋税之多，是惊人的。仅据《孟子》一书记载，当时就有征收布金帛、征收谷米、征发人力等三种赋税。在赋税的重压下，人民就会反抗，封建统治就不能巩固。因此，孟子在仁政中特别强调减轻赋税的内容。

《孟子》的社会经济思想，以承认、建立和巩固小农自然经济和确立地主阶级所有制为宗旨，其核心是"制民之产"。

"无恒产而有恒心者，惟士为能。若民，则无恒产，因无恒心。苟无恒心，放辟邪侈，无不为已……是故明君制民之产，必使仰足以事父母，俯足以畜妻子，乐岁终身饱，凶年免于死亡；然后驱而之善。"意思是国家分配给每户农民一百亩耕地和五亩大小的房基地，并把这些土地规定为农民的固定产业。孟子认为，人民如果没有固定产业，就不会有安分守己的恒心。如果没有恒心，就会违法乱纪，无所不为。等到他们犯了罪，再加以处罚，这就是陷害人民。因此，贤明的君主必须分给人民足够的固定产业，使人民上足以赡养父母，下可以抚育妻子儿女。孟子的这个措施，既可以缓和统治者和被统治者之间的矛盾，又可以限制土地兼并，是人政中重要的经济政策。

仁政还要求封建统治者尊贤使能，也就是尊敬重用有贤德和才能的人。国君只有尊重贤才，让杰出的人都有官位，天下的士人才会高兴地前来，为本国的富强出谋划策。孟子还认为。任用贤才唯一的目标就是道德修养，只有具有了"仁"这种道德修养的人，才能位居高官。否则，官做得越大，危害人民越甚。

仁政是在孔子人学思想的基础上发展起来的，但从内容上看，它与孔子的

中国古籍巨著

148

仁学思想确实有很大的不同。孔、孟都讲"仁义"，"仁"指人的根本品德；"义"指从仁的品德出发所采取的办事原则。孟子说："仁，人心也；义，人路也。"这是明确而通俗的说明。《论语》讲"仁义"，更着重谈"仁"，而《孟子》讲"仁义"，更重谈"义"。这是由于两个人所处时代不同造成的，他们自己未必意识到这一点。所以孔子强调说："志士仁人，无求生以害仁，有杀身以成仁。"而孟子强调说："生，亦我所欲也；义，亦我所欲也。二者不可兼得，舍生取义者也。"后代"杀身成仁，舍生取义"这个格言就是从孔、孟的这两段话中提炼出来的。

孟子不只是重复孔子的"仁义"论，而是向前发展了一步。他提出"仁"和"义"这些东西本来是天生就有的，是与生俱来的。他说："恻隐之心，人皆有之；羞恶之心，人皆有之；辞让之心，人皆有之；是非之心，人皆有之；恻隐之心，仁也。羞恶之心，义也。恭敬之心，礼也。是非之心，智也。仁、义、礼、智，非由外铄我也，我因有之也，弗思耳矣。"

从这个前提出发，孟子提出了"人无有不善"的命题，这就是他的"性善论"。性善论是仁政学说的理论基础。孟子认为，人的本性天生是善的，即人生来就有怜悯同情之心、羞耻憎恶之心、恭敬辞让之心和是非之心，这四种是仁、义、礼、智四种道德观念的萌芽。如果人们能把这四种萌芽扩充起来，那就会像刚刚燃起的火，越烧越旺，不可扑灭；也会像刚刚流出的泉水，终将汇成江河，不可停止。如果能够扩充这四种萌芽，就足以安定天下；如果不能扩充，就连自己的父母也不能奉养。

"人皆有所不忍，达之于其所忍，仁也；人皆有所不为，达之于其所为，义也；人能充无欲害人之心，而仁不可胜用也；人能无穿逾之心，而义不可胜用也。"

这是说，人们都有不忍于干某些事的情绪，把这种情绪推及到忍心去干的事情中去，就是"仁"；根据一定的道德观念，人们都认为"应该"有所不为，把这种"应该"的观念扩充到实际的"所为"中去，就是"义"。把仁、义、礼、

智加以扩充，以之修身则成圣人，以之治国则天下太平。

孟子的性善论，从理论上系统地讨论了人类的共同本性问题，这是对人类认识史的贡献，应该加以肯定。但孟子认为仁、义、礼、智等道德观天生就有，则是错误的。这是天赋道德观念论，是唯心主义的抽象人性论。

"与民同乐"是孟子政治思想的重要内容。所谓"与民同乐"，就是要求统治者关心人民的疾苦，在他们纵情享乐的时候不要忘记自己的百姓。孟子认为，统治者的享乐只要能使百姓感到高兴就是"与民同乐"。他甚至认为，即使君主有贪财好色的坏毛病也不要紧，只要能与民同乐，仍然会得到人民的拥护。"与民同乐"是孟子所追求的一种理想的社会境界。要达到这个境界，唯一的途径是实行仁政。因此，"与民同乐"实际上是为了宣传政治服务的。

孟子在叙述"与民同乐"思想时，发表了许多光彩夺目的议论。例如他说："乐民之乐者，民亦乐其乐；忧民之忧者，民亦忧其忧；乐以天下，忧以天下，然而不王者，未之有也。"这些话以其深刻的思想内容，超越了时空观念，成为千古格言，牢牢地扎根在人们心中。宋代文学家范仲淹的《岳阳楼记》所表述的"先天下之忧而忧，后天下之乐而乐"的光辉思想，无疑是受到了孟子思想的启迪。

"民贵君轻"论表现了孟子的重民思想。孟子说："民为贵，社稷次之，君为轻。"意思就是，在人民、国家和君主三者的关系中，人民最为重要。他认为取得天下的根本之道在于得到人民的拥护，而要得到人民的拥护，关键是争

中国古籍巨著

取民心。

他在总结夏、商两朝失国的教训时道：桀和纣之所以失掉天下，是因为失去了人民；他们之所以失去人民，是因为失掉了民心。因此，失民心者失天下，得民心者得天下。而争取民心的唯一方法是：人民所希望得到的，替他们聚积起来；人民所厌恶的，不要强加给他们。当前，人民最需要的是什么呢？就是仁德、仁政。当今天下的国君如果有喜好仁德、仁政的，那么别国的人民就像被驱赶着一样飞奔而来，此时，即使不想统一天下，恐怕也做不到了。从这里可以看到，孟子推行仁政的根本目的，就是争取民心，统一天下。

（二） 《孟子》中的唯心主义认识论

《孟子》的认识论是反观内省的唯心主义认识论，在《孟子》书中，不是讲从物到感觉到思想，而是讲"反身而思"，讲人类精神的反思。

"诚者，天之道也。思诚者，人之道也。"又说："万物皆备于我矣。反身而诚，乐莫大焉。强恕而行，就仁莫近焉。"这里，"诚"即指宇宙本身的生之力，为宇宙本身所固有，所以叫做"天之道"。"思诚"，就是我们思维和认识这充实的生之力，使我们反思、反观的产物，所以叫做"人之道"。能够认识到"诚"的人，就会到达"万物皆备于我"的精神境界。

孟子作为一个思想家，对后世的影响是极为深远的，中国社会政治、哲学、文学乃至其他学术思想的发展，几乎都与孟子思想有着密不可分的关系。他的影响有进步的一面，也有落后的一面。例如："劳心劳力"说，就被反动统治阶级用来作为残酷压迫和剥削劳动人民的理论根据；他的唯心主义哲学，

也成了历代统治者禁锢人民思想的精神枷锁；还有他的"仁政"学说，本来是为缓和阶级矛盾，维护统治阶级的长远统治而提出的，在当时具有一定的积极作用，但后世统治者却接过了"仁政"的口号，把它变成了粉饰太平、麻痹人民斗志、维护残暴统治的工具。这些都是《孟子》影响的消极方面。但孟子思想对于后世也有很深的进步影响，例如："与民同乐"说、民贵君轻论等民本主义思想，对我国民主思想的发生、发展产生了巨大的影响。他的"浩然"正气、"威武不屈"的修养工夫，不仅陶铸了封建社会的"志士仁人"，而且影响了我们整个民族的精神面貌。《孟子》的哲学思想，虽在整体上是唯心主义的，但也包含若干合理的进步因素，在中国哲学史上，有很大的影响。王阳明直接继承《孟子》的良知说，结合《大学》之致知说，形成了"致良知"唯心主义哲学体系。

总之，孟子思想是留给后世的一笔极为丰富的精神遗产，我们应该批判地继承这份遗产，从而弘扬中国优秀的传统文化，使之为发展和繁荣我们当今文化事业而服务。

五、"中庸之为德也,甚至矣乎"——《中庸》

《中庸》是"孔门传授心法"之书,是孔子的孙子子思"笔之子书,以授孟子"的。子思继承孔子的思想传统,认为人的生活应该维持在中等的需要和需求的生活方式上,故写下了《中庸》。按字面的意思,中,即是不偏不倚,不上不下;庸,按照《诗·王风·兔爰》"我生之初,尚无庸",《诗·齐风·南山》"齐子庸止",《书·尧典》"畴咨,若时登庸",《论语·雍也》"中庸之为德也,甚至矣乎!民鲜久矣",《说文》"庸,用也"等说法,有"用、需要"之意。

《中庸》是《礼记》里的另一篇文章,讲的是儒家的处世哲学。它是汉初人所作,但旧说是子思所作,后来传给孟子。朱熹则进一步发挥说:"此篇乃孔门传授心法。子思恐其久而差也,故笔之于书以授孟子。"

"心法"本来是佛教用语,指不立文字而用心领神会的方法传授的秘诀。儒家本没有这种东西,这是朱熹的理解。因为"中庸之道"在过去讲得确实让人不易领悟,不易掌握,所以不免带有几分只可意会不可言传的神秘色彩。因此他借用了佛教中"心法"这个词。并且说:"善读者玩索而有得焉,则终身用之,有不能尽者矣。"

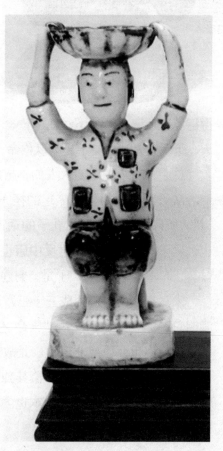

(一) 儒家最高道德 "中庸之道"

《中庸》是儒家特有的概念,是儒家的最高道德。《论语·雍也》篇:"子曰:"中庸之为德也,甚至矣乎!民鲜久矣。"

这里的"中"就是没有过失也不欠缺。"庸"就是不突出、不失常。儒家认为，对人对事应该本着这样的原则去做，掌握最佳状态，恰到好处，也就是俗话说的"不瘟不火""火候正好"，这就叫"中庸"。译成现代汉语，大体相当"适度而得体"的意思。办事讲究"适度"而且"得体"，就叫"中庸之道"。这个要求，说着容易做起来难，所以它是儒家待人处世的最高原则。

如果把《中庸》的理论作为方法论来看，"中庸之道"要求人们对事物准确地把握质的规定性，既不过分也不欠缺，有一定的辩证色彩。其目的在于："君子素其位而行，不愿乎其外。素富贵，行乎富贵；素贫贱，行乎贫贱；素夷狄，行乎夷狄；素患难，行乎患难。君子无入而不自

得焉。在上位，不陵下；在下位，不援上。正己而不求于人，则无怨；上不怨天，下不尤人。故君子居易以俟命，小人行险以徼幸。"

总之，《中庸》要求人们不超越自己的地位、名分行事，要安分守己，一切听从天命（即封建秩序）的摆布而不能反抗，只有这样才算合乎"中庸之道"。所以《中庸》又引孔子的话说："君子中庸，小人反中庸。君子之中庸也，君子时而中；小人之反中庸也，小人而无忌惮也。"其实质就是叫人不得"越轨"，不得"犯上"，于是，封建社会便可长治久安、万古长存了。

朱熹把《中庸》分成三十三章，第一章是总论，其余各章都是从各个角度阐明总论的。第一章说："天命之谓性，率性之谓道，修道之谓教。道也者，不可须臾离也，可离非道也。是故君子戒慎乎其所不睹，恐惧乎其所不闻。莫见乎隐，莫显乎微，故君子慎其独也。喜怒哀乐之未发，谓之中;发而皆中节，谓之和。中也者，天下之大本也;和也者，天下之达道也。致中和，天地位焉，万物育焉。"

这是"中庸之道"的基本原理，有三层意思：一是忠、孝、仁、爱等伦理原则是与生俱来的本性，人只要自然而然地按照本性去做就行了；二是事实上并不是人人都可以做得到的，所以还要接受教育，严格要求自己；三是一旦人人都能修炼到使自己的思想感情一表露出来就能准确地合乎礼法要求（致中和），君臣父子等人伦关系都摆正了，社会就可以正常运转。可见，所谓"中庸之道"就是让人们的一举一动都能准确地合乎礼法要求，不打折扣也不加砝码。所谓"孔门心法"就是如此，但这确实很难做到，所以孔子说："中庸其至矣乎！民鲜能久矣！"

（二） 《中庸》中 "诚" 的概念

　　为此，《中庸》又提出了"诚"的概念。《中庸》认为"诚"也是人的天赋之一。如果生而能保持"诚"的品格，就什么都能做得到，那就是圣人了。对一般人来说则要"诚之"，即让他修炼得"诚"起来，才能实行"中庸之道"。"诚之"的方法是要求他"博学之，审问之，慎思之，明辨之，笃行之"。经过这样一个求知的过程就能使之"诚"。这就和《大学》的"知至而后意诚"的道理相通了。

　　"诚"原本是一个道德概念，指的是十分完美的、"至善"的精神境界。在《中庸》一书中，它却成了世界的本源，成了第一性的东西。《中庸》写道："诚者，天之道也……诚者，自成也；而道，自道也。诚者，物之终始，不诚无物。"

　　这就是说，"诚"就是天道，它本身不是由什么另外更高的东西产生的，而是"自成"的，更进一步地说来，它不但"自成"，而且还生成万物，派生万物。这

种宇宙观推行方法的前提是"至诚无息","无息"就是一刻也不间断的意思，由这种不间断然后逐步衍出悠远、博厚、高明。这里就是可以把博厚比作地，高明比为天，把悠远说成时间的无限。天、地、时都具备了，万物就可以"不动而变，无为而成"。

《中庸》在"诚者，天之道也"之后，接着又说："诚之者，人之道也。"人把"诚"体现出来，通过"诚"达到"天人一体"。至于为什么"天道"能和"人道"融为一体呢？《中庸》觉得这是不用做什么解释的。在《中庸》看来，人如果淋漓尽致地把"诚"体现出来，达到了"至诚"的境界，那么就可以与天地共存了。

《中庸》说，一个人如果完完全全地把"诚"体现出来，就达到了"至诚"的境界，便与"天道"合一成为"圣人"。如何达到"至圣"，通过什么途径达到"至诚"呢？《中庸》认为有两条途径：一条是明白自己的本性，即"道德性"；一条是从事学习，接受教育，即"道问学"。

《中庸》说："自诚明，谓之性；自明诚，谓之教。""自诚明"就是由天生的"诚"出发，达到对一切事物的了解，这就叫"性"；"自明诚"则是通过学习，把"诚"体现出来，这就叫"教"。前者即"尊德性"，后者为"道学问"。关于"尊德性"，《中庸》没有多讲，只是要求人们"戒慎乎其所不睹，恐惧乎其所不闻"，即对自己的行为，在别人看不到的地方和别人听不到的地方也要谨慎警惕。《中庸》的这种保持天赋道德本性的方法—"尊德性"，实际上是一种主观内省、自身体验的先验论。"道学问"是达到"至诚"的另一条途径。"道学问"可以分为五个步骤，即"博学之，审问之，慎思之，明辨之，笃行之"。《中庸》的这些言论，是对《论语》"学而不思则罔，思而不学则殆"的具体发挥。经过这一发挥，便把认识过程中一些重要环节都包容进去了。

"学""问"大体指获得知识的手段；"思""辨"则是内心的思维活动；"行"则是讲把知识用之于实际的行动。《中庸》认为，人们如果能按照"道学问"这五个步骤去做，"人一能之，己百之；人十能之，己千之"。如果加倍地努力，那么"虽愚必明，虽柔必强"，任何人都能达到目的。

《中庸》对于认识环节的系统化和秩序的排列，在一定意义上是有其积极因素的。但总的来说，它的"道问学"还是唯心主义的认识论，因为它把"问学"的过程，看做是达到"至诚"的步骤，而不是作为对客观世界及其规律的认识过程。

《中庸》和《大学》是互为表里的姐妹篇，所以宋儒说《大学》是"入德之门"，《中庸》是"传授心法"。

从《论语》的"仁义"开始，发展为《孟子》的"性善论"，再发展为《中庸》的"致中和"，以及《大学》的"三纲八目"，我们可以很清楚地看出一条束缚人们的礼教枷锁，让人们安分守己、尽忠尽孝。宋儒把它们编为四书，对维护封建社会的稳定确实起了修身、重德、敬老、爱人和谐人际关系、以及稳定群体秩序的作用。今天，对于传统文化，我们的态度是立足于当代中国，从我们的问题或我们的精神需要出发，以新的视野或现代意识，对中国文化中某些被反复咏叹的典籍给以重新关照或解读。

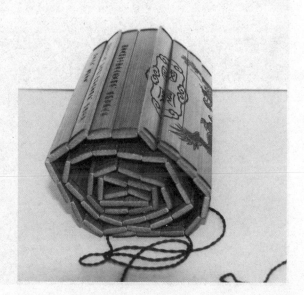

六、"能探《风》《雅》无穷意，始是乾坤绝妙辞"——《诗》

《诗经》是我国上古的诗歌集，共收 305 篇诗，又称"诗三百"。集中所收作品，早的有西周贵族祭祖的诗章，晚的有秦穆公时代的民谣，可知这些诗的产生时代上自殷末周初，下迄春秋中叶，大体在公元前 11 世纪到公元前 6 世纪之间。

（一）《诗经》的产生

关于诗的产生，从今传《诗三百》的内容，大致可分为两类：一是宫廷中贵族人士所作，出于谏诤、歌颂公德、祭祀和礼仪的需要而作，这就是诗的《雅》《颂》部分的主要来源；一是来源于下层人民的生活和他们对社会的感叹，属于民间文化，《国风》中许多作品属于后者。《小雅》则处于两者之间，其中渗透有贵族统治阶级的政治意识，又有下层人士的思想感情的流露。

据古籍记载，我国古代有"采诗"的制度，就是由中央主管诗歌、音乐的官员—太师，负责征集各地民歌献给君主，以考察民情、政绩。《礼记·王制》说："天子五年一巡守"，"命太师陈风（介绍民歌）以观民风"，说的就是"采诗"。

旧说古代全国采来的诗歌，加上各诸侯国贵族的献诗，以及王朝宗庙里的祭歌，有三千首之多。孔子生活的年代之前确实存在规范的诗、乐、舞系统。到春秋末期，由于政治动乱、贵族阶级没落、礼坏乐崩，已经开始散佚，同时社会上又兴起了新乐，这大多是内容生动活泼的民间诗

儒家经典——《四书五经》

歌。孔子非常重视诗乐的教育作用，可以用来作为传授弟子的教本。他为了维护传统理想，"恶紫之夺朱也，恶郑声之乱雅乐也，恶利口制覆邦家者"，按照自己的政治和艺术标准，重新整理和解释了《诗经》。所以子曰："吾自卫反鲁，然后乐正，《雅》《颂》各得其所。"总之，三百篇诗是各代的乐师逐渐采集积累起来的，编辑和整理也非孔子一人之力。孔子只是在前人已经辑集的基础上，进行了一次重要的整理刊定，后人又进行了一些加工。

《诗经》有古今文之别。《汉书·艺文志》著录的"《诗》二十八卷（鲁、齐、韩三家）"，是今文经；"《毛诗》二十九卷"，是古文经。此外还著录有各家诗说十来种。其中今文经诗说除《韩诗外传》以外，均已亡佚；古文经诗说有《毛诗故训传》三十卷，即《十三经注疏》所收今本《诗经》。

（二）《诗经》中的"六义"

按照传统习惯，读《诗经》先要明白"六义"。所谓"六义"，就是"风、雅、颂、赋、比、兴"这个概念。其中"风、雅、颂"说的是《诗经》所收诗章的乐曲类别（也就是诗歌的类别）；"赋、比、兴"说的是《诗经》所收诗章的写作技巧。

《诗经》的乐曲（诗歌）类别：风、雅、颂。

风：就是地方乐歌的意思。因为主要是从各诸侯国征集来的民歌，所以又叫"国风"。共有15个地方，所以又叫"十五国风"，共160首。这些地方大体是在今天的河南、河北、山东、陕西、山西、甘肃以及湖北的北部等地区，主要是黄河流域的中原地带。

雅：就是正声雅乐的意思。其中又分"小雅""大雅"，合称"二雅"。其中大多是朝会、饮宴、典礼等正式场合演唱的诗歌。歌词大多为上层人士所作，有些诗还流传下了作者的姓名。比如《大雅·蒸民》中有"吉甫作诵，穆如清风"之句，可知是周宣王时辅政大臣尹吉甫的作品。"雅"大体以十首歌为一组，叫做"什"。总计"二雅"共有105首。

颂：就是赞颂曲（颂歌）的意思。有"周颂""鲁颂""商颂"三类，合称"三颂"。"周颂"大体是西周的祭歌；"鲁颂"是春秋时代鲁国的祭歌；"商颂"是殷商后人（宋国）保存下来的祭祀先祖的祭歌。"三颂"合计有40首。

《诗经》中的写作技巧：赋、比、兴。

赋：就是直接地叙事或抒情。如："彼狡童兮，不与我言兮。维子之故，使我不能餐兮。"直接唱出女孩子的相思之苦。

比：就是以比喻的手法叙事或抒情。例如大家都十分熟悉的："关关雎鸠，在河之洲。窈窕淑女，君子好逑。"就是借用水鸟求偶，来比喻青年男女的爱情。

兴：就是先写景、状物，从而引发联想，依次叙事、抒情。如："蒹葭苍苍，白露为霜。所谓伊人，在水一方。溯洄从之，道阻且长；溯游从之，宛在水中央。"这首诗首先描写秋景的苍凉，从而引起对远方人的思念。

"风、雅、颂"和"赋、比、兴"本来是两个不同范畴的概念，把这两者合起来统称为"六义"或

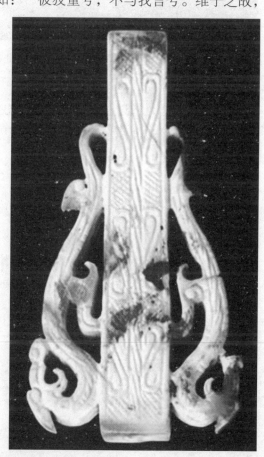

"六诗"。"六义"是《诗经》学重要的术语，也是我国传统的诗歌理论，所以我们研究《诗经》，首先要了解其"六义"。

《诗经》的内容十分丰富，在"雅"和"颂"里，有许多反映我们中华民族的历史传说，政治，军事活动，生活习俗以及社会制度的史诗性的篇章，同时还记录了一些远古时代有关地震和天灾人祸等的史料。所以，《诗经》在春秋时代的社会作用，不只是艺术的，更重要是政治的、实用的。

《诗经》的社会作用主要体现在诗教上面。当诗与乐相结合，共同组成了周代社会的政治制度时，诗配合乐，起到了调试等级制度，讽谏政治的作用。当诗与乐分离后，诗与史相结合，代表了圣人之志，通过对王道社会史实的褒贬歌颂，以起到教化人生、教化社会的作用。孔子设课的主要用意也在这里。所以他说："小子何莫学夫《诗》！《诗》可以兴，可以观，可以群，可以怨。迩之事父，远之事君;多识于鸟兽草木之名。"即大家怎么能不学《诗》呢！《诗》可以激励人心，可以了解社会，可以共同思想，可以针砭政治。在家可以孝敬父母，出外可以供职于君王，还可以认识许多动植物的名称。因此到了汉代以后，"兴、观、群、怨"这四个字，就成了旧经学家探讨《诗经》的总纲领，也就是所谓的"诗教"。总之，《诗经》的作用是重要而特殊的，是其他经典所无法取代的。

七、"唐虞文章，则焕乎始盛"——《书》

《尚书》是一部不完全的我国上古史料汇编，它是我国进入文字记载的历史时期以后，最早的三个王朝夏、商、周的最高统治者的一些政治活动和言行等的历史记录文献。其内容大体包括三个部类：一类是君主对臣民的训词和誓词；一类是臣下对君主的劝告或建议；再一类是其他古史传说资料。所以，《尚书》是研究我国原始社会和奴隶社会的宝贵资料，所以一千多年以来，《尚书》又成了我国封建社会的"大经大法"、封建帝王的施政总纲。

（一）《尚书》的流传

这些上古的史料是怎样流传下来的呢？据《汉书·艺文志》记载，我国自古就有给帝王、诸侯的言行作记录的史官。史官分"左使"和"右使"，一个"记言"，一个"记事"，各有职责。远古的史料就是通过这些言行记录保存下来的。大体说来，记事的资料汇编相当于今天的"大事记"，《春秋》就是这种性质的文献；记言的资料汇编相当于今天的"言论集"或"语录"，《尚书》就是这种性质的文献。

"书"就是古代史官的文献记录，后来专指有关上古帝王的言行、事迹、命令、诰词等文献。"尚"指的是上古时代，所以《尚书》是上古时代的文献记录。《尚书》既然是古代史官所记，必然篇目很多，为什么只有现存的十几篇流传下来呢？传统的说法是经过了孔子的删削。《纬书集成·尚书纬》中说："孔子求书，得黄帝玄孙帝魁之书，迄于秦穆公，凡三千二百四十篇，断远取近，定可以为世法者百二十篇，以百二篇为尚书，十八篇为中候。"

从先秦古籍所引用的《尚书》文句看，有许多篇章是今本《尚书》所没有的。其中知道的篇名就有 32 篇之多，其他可以考知属于《尚书》的文句大约还有几十篇。这样看来，先秦实际存在的《尚书》篇章至少应该在百篇以上。孔子是曾经拿《尚书》作历史教材的。但是，他当时选了多少篇？当时还保存着多少？都是什么？这些，现在都已经无法确知了。《汉书·艺文志》说孔子整理过一百篇《尚书》，应该说虽然"查无实据"，但还是"事出有因"的。不过，我们今天所能见到的定本《尚书》只有 58 篇，也就是明代《四书五经大全》所收宋代蔡沈德《书集传》和《十三经注疏》所收孔颖达《尚书正义》中的 58 篇经文。

《尚书》虽然是历史文献的记录，但从中也可以分析体会出那个时代的世界观和政治文化思想。尧舜禹夏商时代，人们的思维水平还处在历史经验阶段，笼罩在宗教迷信的气氛下，没有上升到理性的层面。古老的中华民族在经过漫长而艰难的生产实践和社会实践后，创造了辉煌灿烂的西周文明，奠定了传统文化和民族精神发展的基本范式。

（二）《尚书》中的"畏天"观念

"天"是中国思想发展史上最为古老、最为重要的思想范畴，它是中华文明宇宙观的核心概念。在原始时代，人们看到头上的天空笼罩一切、覆盖一切，天空中的自然现象主宰和影响着人间的一切，于是人们产生了对"天"的崇拜。

《尚书·皋陶谟》说："天叙有典，勑我五典五敦哉;天秩有礼，自我五礼有庸哉。同寅协恭和衷哉。天命

儒家经典——《四书五经》

有德，五服五章哉；天讨有罪，五刑五用哉。"古代的中国人认为，社会上的一切上层建筑都是天意的体现，所以，人们才会服从和遵守。这个时候的天就是人所生存、所依赖的外界的大自然；随着对自然的征服和社会组织的完善，天成为自然和社会的主宰，社会权力的来源、政治的治乱、上层建筑及其意识形态的产生，都是由天决定的。人类社会是离不开天的，但天又是无形无相的、无把握的，于是人们遵循原始的崇拜意识，产生了"畏天"的观念。

"畏天"的观念主要指夏商周时代，人们不理解社会历史的变革而产生的对宇宙主宰的恐惧心理。赢得天命是伟大的，但亦会带来无限的忧虑。周公通过对以往历史发展的详尽分析，认为天命可"畏"，"天命不僭"，但天命是会转移的，天佑明德，只要统治者荒淫无道，必然会失去天命。只要统治者小心谨慎，明德慎罚，敬畏天命，必然会赢得天命。所以，必须要敬德。"畏天"的目的就是为了"敬德"，为了告诫统治者不可随心所欲，残害百姓，否则就会失掉天命，失掉统治。

由对天的崇拜到"畏天"观念的产生，是民族精神发展的进步和深化，因为对天的崇拜完全没有人的自由和自觉实践的空间，而畏天则蕴含着敬德的思想，畏天和敬德是不可分割的两个概念。西周的统治者周公总结了以往的历史经验教训，提出了系统的统治思想，建立了完善的宗法社会制度，这就是被儒家奉为理想典范的"周礼"。"畏天"和"敬德"就是周礼的核心观念。周礼包括社会制度和意识形态，二者是密不可分的。

在春秋战国时代，《尚书》的作用是十分重要的。因为在此之前，中华民族所创造的一切社会人上经验都保存在《尚书》之中，中华民族精神的起源和"百家争鸣"的产生，都紧紧围绕着上古三代历史而展开。不仅如此，《尚书》最重要的意义还在于，它是儒家产生的理论来源和信仰依据。先秦儒家的两个

中国古籍巨著

基本观念："礼"与"仁"，就是对尧舜禹夏商周历史自觉反思的结果；其对王道的追求和士君子的自我意识，就是《尚书》本身几个基本观念的必然发展结果。正因为如此，《尚书》成为先秦儒家最重要的文献，言必称诗书、言必称尧舜，成为儒家的标志。伴随着儒学的影响和地位的扩大与上升，儒家所理解和阐释的《尚书》成为公认的历史文献，流传至今。

八、"八卦以象告，爻象以情言"——《易》

《周易》是一部奇书，在五经之中它产生的时代最为古老。早在原始社会，人们就有了卜筮的传统，在后人的心目中，《周易》的地位也最为重要。《周易》乃大道之源，举凡天文、历法、医学、养生、哲学、政治、宗教等传统的学科无不以《周易》为理论基础。

《周易》本是一部通过算卦以预测吉凶的古老之书，在传统社会，它被神话为蕴涵天地奥秘的经典，成为一切学科与文化的理论基础和最终的归宿所在。

《周易》是一部讲卜筮的书。卜筮就是算卦，本来"卜"和"筮"是两种算卦的方法。"卜"是用一种特定的工具钻灼龟甲、兽骨，根据甲骨上出现的裂纹形态来判断吉凶，然后把结果刻在甲骨上存档备查。甲骨文也叫"卜辞"。"筮"是用蓍草来算卦，据说是用49根蓍草随意分成两份握在两只手里，然后再按一定的要求分成若干份儿，根据其数目组合的奇数偶数关系确定"阴"和"阳"，然后画出卦来，判断吉凶。

《易经》讲的就是筮法算卦。殷人用龟卜；周人则龟卜、筮占并用。因为筮法是从西周发展起来的，所以《易经》又叫《周易》。《周易》把历史上长期累积的资料、经验加以综合、概括，使各种数目组合类型化、理论化，作为算卦的人判断、说明吉凶祸福的依据。这就是《周易》的原始性质。

（一） 《周易》的"阴""阳"理论基础

　　《周易》的理论基础是"阴"和"阳"这样一对矛盾对立的概念，分别用两条短线表示。一条线中间断开，画成"－－"代表"阴"；一条线不断，化成"—"，代表"阳"。这两条线就是《周易》讲卜筮的基本符号。

　　根据《周易》的观点，宇宙间万事万物，人世间一切现象，无不可以抽象为阴阳两大类。比如：地为阴，天为阳；月为阴，日为阳；低为阴，高为阳；里为阴，表为阳；偶为阴，奇为阳；女为阴，男为阳等等。因此"－－""—"两个符号可以代表宇宙和人世的一切。

　　古人观察世界的构成还有一个着眼点，就是上有天，下有地，中间有人事活动。古人把这三者称为"三才"（表示天地人三界），所以把阴阳两个符号按各种排列法叠为三层，可以得到八种组合。每一种组合叫一个"卦"，八种组合就是"八卦"，再给每个卦起一个名字，即乾、坤、巽、震、坎、离、艮、兑。八卦各有自己所代表的自然现象。据《周易·说卦》的说法是："乾为天，坤为地，震为雷，巽为风，坎为水，离为火，艮为山，兑为泽。"这是最基本的也是最原始的代表关系。到后来又逐渐增加了许多代表关系，如方位、季节、人体、动物、伦理关系等等。一个卦所代表、象征的这些物象就叫做"卦象"。八卦还可以体现各种性质，例如：

中国古籍巨著

乾—刚健；坤—柔顺；震—启动；巽—进入；坎—下陷；离—依附；艮—静止；兑—喜悦。这些卦象的性质叫做"卦德"。

但是八个卦毕竟是有限的，为了体现更多更复杂的事物关系，后来又把八个卦两两重叠起来，成为八八六十四卦。重叠以后的六十四卦叫"别卦"，构成六十四别卦的原来的八个卦叫"经卦"。每个别卦都是由上下两个经卦组成的。简单地说，一个别卦就是一套符号组合。把阴阳两个符号摆六次为一组，共得六十四种符号组合，这就是一部《周易》的总纲。《周易》讲卜筮的全部道理就蕴涵在这六十四种符号组合之中。

关于《周易》产生和形成的过程，旧说"伏羲氏"画八卦；周文王重卦并且推演之，作卦辞和爻辞；孔子作十翼。这就叫"《易》历三圣"。当然这只是一种传说。

根据近代许多学者研究，经文里的卦辞、爻辞部分，完成于西周早期。因为首先从语言上看，比较简古，许多地方似可解似不可解，尤其是卦辞，与商代甲骨文字颇有相似之处。"十翼"的产生大大晚于经文。晋朝的时候曾经发掘过战国时代魏襄王墓，出土许多竹简，其中有《周易》及《纪年》等古籍。当时的学者杜预曾见过这批文物，据他说："《周易》上下经与今正同，别有《阴阳说》，而无《彖》《象》《文言》《系辞》，疑于时仲尼造之于鲁，尚未播远国也。"可见，古《周易》上并无"十翼"。

从文献学的角度看，我们毋宁说《周易》的"经"和"传"实质上是两种性质不同的材料。"经"（六十四别卦及其卦辞、爻辞）是萌芽于远古而编成于西周早期的卜筮书，它反映了殷末周初这个时代的思想。"传"（十翼）是从战国开始撰集而完成于汉初的哲学理论汇编，它反映了从战国到汉初这个时代的思想。这两者有联系而又有区别。我们研究《周易》必须有这样一个时代的观念。否则，不是把商周奴隶社会的思想强加给秦汉封建社会，就是把秦汉封建社会的思想强加给商周奴隶社会，这都是不科学的。

《周易》用阴阳解释卦象，进而用阴阳说明社会人生的一切现象。阴阳是《易传》解释《易经》的基本范畴，将占筮的两种基本图式理解为阴阳两种性质，进而用阴阳两种性质解释六十四卦，解释整个宇宙的奥秘。

是故易有太极，是生两仪，两仪生四象，四象生八卦，八卦定吉凶，吉凶生大业。

卦象的结构和变化与宇宙的结构和变化发展是一样的，世界的构成和天道的运行就是由一阴一阳构成的。在古代的中国人看来，一切事物和现象都是由阴阳两种性质构成，阴阳相互依存构成了事物的永恒变化，阴阳的相互协调构成了事物和整个世界的生存和发展，这就是"一阴一阳谓之道"。所以阴阳既是事物的基本构成和本质，也是事物构成的基本属性；既是事物存在的根据，又是事物运动变化的原因。阴阳必须互相交感才会发展变化，才会实现和谐。

天地感而万物化生，圣人感人心而天下和平;观其所感，而天地万物之情可见矣。

总之，天道是永远变化不息的，天道是有规律可循的，《周易》的六十四卦就是向人们展示天道变化的原理和吉凶的。易就是变化的意思。中国人的世界观是强调变化的，世界是生

生不息的，天地四时的变化就是促进万物的生长发育的，人生的本质和目的归根到底也就是生生，这就是《周易》天道观所揭示的宇宙的本质。

（二）《周易》的辩证法的思想

在《周易》中，还蕴涵了十分丰富的辩证法的思想。

卜筮本来是一种迷信，是神权统治的产物。但是它还有另外一个方面：卜筮是要有结果的，

中国古籍巨著

人们是要求它灵验的。这就提出了新的问题，古代的卜筮者怎么解决这个问题呢？原来，人类从自己长期的生产实践和社会实践中，能够看出客观世界某些事物、现象、行为的内在必然联系。比如，有什么前因就会出现什么后果，具备什么条件就会出现什么结局等等。日积月累，这些建立在人类长期生活经验基础上的规律性，就会自觉不自觉地反映到人们的头脑中来。而卜筮的人从过去大量的卜筮材料中往往能看出这种规律性。经过卜筮者的分析、概括，再加上他们自己丰富的生活经验，就可以凭借这种规律性的东西指导人们的行为，告诉人们怎样趋吉避凶，趋利避害。于是，许多卜筮的结果似乎也就具备了"灵验"的因素了。这种规律性不是别的，就是无时不有、无所不在的科学真理—辩证法。从卜筮的迷信活动出发竟然可以引导出科学的理念来，其原因盖出于此。

辩证法的基本观点就是：世上万事万物都是对立统一的，并且无不在一定

的条件下朝它的相反方向转化。比如《泰》九三爻辞说："无平补陂，无往不复。坚贞无咎。勿恤其孚，于食有福。"意思是说：没有平地就无所谓山坡；没有去也就无所谓来。这就是告诉问卜的人：世上没有永远的平安，事情总会有不顺利的时候。沧海化桑田，桑田化沧海，这是规律。但是只要坚持正道（坚贞），就不会有祸事。不要患得患失，担心（恤）自己的诚意（孚）得不到好结果，生活是会幸福的。其中"无平不陂"，"往"与"复"是相对的，可以互相转化的。盛极必衰，否极泰来，这是一条定律。只有认识这种必然性，处变不惊，创造条件，才能转危为安。

再如《乾》九三爻辞说："君子终日乾乾，夕惕若，厉，无咎。"意思是说：有权位的人如果每天发奋自强（乾乾），夜晚也不失警惕（惕若），虽然处境险恶（厉），也没有灾祸。在这里，"无咎"这个判断是有条件才能逢凶化吉，转祸为福，才会"无咎"，否则不行。

"条件"是事物存在和转化的前提。所以《周易》中的许多吉凶判断都是根据条件来说话的。我们常说："一切以时间、地点、条件为转移。"这就是辩证法的道理。《周易》的经文显示出殷周时代的人已经有了这种辩证法思想的萌芽。

到了战国时代，由于社会的大动荡，《周易》中的这种辩证法思想在《系辞》中有了长足的发展。《系辞》的作者在《周易》中使用了"道"的概念作为理论的起点，并且提出了"一阴一阳谓之道"的命题。意思是一阴一阳的对立变化就叫做"道"。反过来说，"道"就是阴阳的对立变化。所以它说"刚柔相推，变在其中。"

《系辞》中又提出一个关于"易"的解释，说"生生之谓易"。反过来说，"易"就是万物的生成转化。所以它又说"天地之大德曰生"。

由此可见，根据《系辞》的观点，"道"和"易"本来是一回

事。也就是说，基于阴阳对立的万事万物的发展变化，生生不息就是"道"，或者叫"易"，也就是宇宙间普遍规律的意思。《系辞》认为，正是这个普遍规律支配着自然界和社会的一切，当然也支配着人世的吉凶祸福。

"一阴一阳之谓道"，"刚柔相推，变在其中"，这本来是道家的理论。而"生生之谓易"，"天地之大德曰生"，却来自儒家"仁爱"的观点。《系辞》引进道家的理论与儒家的观点相结合，用来解释《周易》的根本性质，这是对《周易》辩证法思想的一个根本性的发展，把它提到了新的理论高度。所以《系辞》中充满了"变"的观念，处处用"变"的观点来阐述《周易》的思想。它告诉人们，《周易》的道理就是"穷则变，变则通，通则久"（走到了尽头就要变革，变革了就行得通，行得通则可以维持得久）。这就是说，世事的变化迁移是一定之理，一切都不是静止的，人只能适应环境的变化，而不能死抱一本老皇历。它指示人们，一切行为要有法度，时时处处要自知警惕，就可以趋吉避凶。

总之，《周易》是一部奇书，它既是儒家的经典，又是传统文化各个流派所共同尊奉的经典；既是哲理之书，又是卜筮之书。《周易》给我们提供了一种人类的认知范式，它不仅构成了传统科学研究的理论模式和思维方式，而且它又是中华民族认识宇宙、人生的理论根据，是中华文明独特的宇宙图式。时至今日，《周易》在我们现实社会中的方方面面还有着影响和作用。

儒家经典——《四书五经》

175

九、"礼乐之说,管乎人情"——《礼》

"三礼"通常指的是《仪礼》《礼记》和《周礼》。其中《周礼》被认为是古文经,《仪礼》为今文经,《礼记》则今、古文相杂。"三礼"的中心就是论述礼的制度、规范和意义,以及实现礼的途径等。

(一) 《周礼》记述的古代政治制度

《周礼》是西汉早期发现的先秦古文经,原名《周官》。《经典释文·叙录》说:"王莽时刘歆为国师,始建立《周官经》(博士),以为《周礼》。"《周礼》被认为是古文经的正统所在,但它的出现与承传都不很清楚,自刘歆争立古文经博士以后,《周礼》才引起人们的注意。

《周礼》这部书的内容,简单说就是记述周王朝中央分别以"天官、地官、春官、夏官、秋官、冬官"为名的六部官制。但是,汉初发现它的时候只有五篇:《天官冢宰》《地官司徒》《春官宗伯》《夏官司马》《秋官司寇》,"冬官"根据生产的线索,用一本讲手工业生产的《考工记》来充数。因此现在看到的第六篇题目叫《冬官考工记》。所以,《周礼》是一部残缺的书。倒是《考工记》这部可贵的古代技艺学著作因此而流传下来。

过去古文经学家说《周礼》是周公作的,今文经学家又说它是刘歆伪造的,都没有根据。一般认为是战国人根据古代的资料写成的。但是也有人根据它的语言文字特点来推断,它应该作于东周初期,距今已有两千五百余年了。

《周礼》在经学内部占据重要的地位,是古文经学的代表,在历史上它也曾发挥过重大的作用。《周礼》六官的建制对我国历代王朝有相当大的影响。传统社会的官制建设都参考《周礼》，例如隋唐以后直到明清，中央政府的"吏部、户部、礼部、兵部、刑部、工部"这六部建制，和《周礼》的六官一一对应，这绝不是偶然的。其次，历史上几次重大的变法行动都是依据周礼展开的，例如王莽变法、苏绰定制、王安石变法等，我国近期的官制也有许多是采自这部书的。

（二）《仪礼》记述古代礼俗

"三礼"中在西汉立于学官的是《仪礼》，五经中的"礼"指的就是《仪礼》。《仪礼》在汉代只称《礼》。因为主要讲士大夫阶层的礼，所以又叫作《士礼》，相对于《礼记》而言又称《礼经》。《汉书·艺文志》说："汉兴，鲁高堂生传《士礼》十七篇。"这就是今本《仪礼》的最早来历。因为这部礼书主要讲"冠、昏、丧、祭、饮、射、朝、聘"等典礼的仪注、程序，所以晋朝以后称为《仪礼》。

《仪礼》在汉朝有今古文之分。据《汉书·艺文志》记载，《礼》有今文经 17 篇，古文经 56 篇。今本《仪礼》就是 17 篇今文经，古文经已经失传。《仪礼》相传是周公所作，那是没有根据的。但《礼记·杂记下》说："恤由（人名）之丧，哀公使孺悲（人名）之孔子（到孔子那里去），学《士丧礼》，《士丧礼》于是乎书（写下来）。"

可见，《仪礼》所收材料很早，孔子教学生演习礼仪，用的应该就是这些材料。因此，《汉书·儒林传》说孔子"缀（整理）周之

礼"是有根据的。

(三) 《礼记》反映的儒家礼治主义

先秦时代还没有《礼记》这样一部定型的专书,那时只有许多阐释《礼仪》的材料,此外还有许多关于"礼"的论文、杂记,这些散篇文字统称为"记",就是"记述""笔记"的意思。"记"的原始形式大概多数是以附记的方式写在经文后边。今本《仪礼》中许多篇章之后都附有这种解说性文字。

"记"在先秦是不少的。但经过秦以后,传到后代的已经有限了。《汉书·艺文志》所记只有"《记》百三十一篇,七十子后学者所记也"。《礼记》为"记",不是"经",乃孔子七十二弟子后学所作,是先秦到汉初儒家思想资料的汇编。《礼记》在两汉没有立于学官,它之所以被以后的社会和学者列入"十三经"中,是因为它通俗易懂、阐释详细,若无《礼记》的解释,《仪礼》的规定和先秦儒学的具体内涵是无法得其详的。旧说西汉礼学家戴德编过一个85篇的选本,人称《大戴礼记》,简称《大戴记》。戴德的侄儿戴圣编过一个49篇的选本,人称《小戴礼记》,简称《小戴记》。但是经过后代学者研究,其中既有今文家说又有古文家说,而西汉传经家法森严,不会今古文混编,所以怀疑这两种选本东汉人曾经改编过。但无论怎样,这两部书是今天仅见的汉代选本。《大戴记》尚存38篇,有注本行世。《小戴记》就是《十三经注疏》中的《礼记》,49篇全存。《礼记》在经学中的地位不高,但在我们现代的经学研究中,《礼记》却是我们研究早期儒学和"三礼"的重要典籍。

《礼记》是一部儒学资料汇编,所以其内容很杂。大体说可以分为三类:一类是理论文章。如《礼运》讲儒家礼治思想,《学记》讲教育的重要性,《乐记》讲音乐的社会作用等等。第二类是关于各种礼仪、礼制、礼节、守则的杂记。比如《祭义》讲祭祀的根本意义在于"敬",《昏义》讲婚姻的作用在于"合二姓之好"等等。再一类是有关礼和礼治的逸闻、故事。如《檀弓》里讲孔子的弟子对"丧欲速贫，死欲速朽"的争论。此外还有两篇像《仪礼》那样记述礼法的文字，即《投壶》和《奔丧》。所以《礼记》很像一本礼学杂志。

《礼记》尽管杂，却有一个贯穿全书的主旨，那就是儒家的礼治主义，也就是儒家以礼治国的思想。儒家认为，远古时代"天下为公"，那时人没有私欲，一切都很美好。后来天下被君主私家占有，就产生了种种社会弊端。为了维持封建秩序，就规定出种种礼法来约束人们的行为，所以社会也还算安定。但到了春秋时代，由于社会动荡，旧的礼法不起作用了，在儒家看来就叫"礼坏乐崩"，天下大乱。为了扭转这种局面，就要恢复（古代主要是西周）礼法，加强礼制教育，以期维护封建宗法关系而求得社会安定。这就是儒家礼治主义的基本思想。

为了贯彻礼治主义，儒家给各种礼都定了特定的社会意义。比如结婚本来是爱情的归宿，但是从礼治主义的立场看，性质就不同了。《礼记·昏义》说："昏礼者，将合二姓之好，上以事宗庙，而下以继后世也，故君子重之。"至于青年人的爱情、幸福等是根本不去考虑的。

《礼记》把礼治的作用讲得非常明确。《礼运》篇说："夫礼，必本于天，肴于地，列于鬼神，达于丧、祭、射、御、冠、昏、朝、聘，故圣人以礼示之，故天下国家可得而正也。""礼者，君之大柄也……所以治政安君也。"意思是说：礼是根据天理，效仿地德而制定，要布列于鬼神，贯彻到冠礼、婚礼……中去。圣人用礼指导一切，国家就可以走上正轨。礼是君主的重要工具，是用来治理国家、巩固统治地位的手段。

《经解》篇又从反面论述："夫礼，禁乱之所由生，犹坊止（防止）水之所自来也。故以旧坊

（旧的堤坝）为无所用而坏之者，必有水败（水患），以旧礼为无所用而去之者，必有乱患。"儒家把礼看做防止动乱的堤坝，毁了堤坝就要发生水灾，废了古礼就要发生动乱。

《礼记》从正反两方面把礼治主义发挥得淋漓尽致，这就是一部《礼记》的总纲领。

伴随着对礼的阐述，《礼记》里也表述了许多精粹的思想。《礼运》篇说："大道之行也，天下为公。选贤与能，讲信修睦。故人不独亲其亲，不独子其子。使老有所终，壮有所用，幼有所长，矜寡孤独废疾者皆有所养。男有分，女有归。货恶其弃于地也，不必藏于己；力恶其不出于身也，不必为己。是故谋闭而不兴，盗窃乱贼而不作。故外户而不闭。是谓大同。"

就是说：在大道实现的时代，天下公有。那时选举贤明的人主政，讲究信义，倡导亲善。所以人们不只爱自己的父母，不只疼自己的子女，而要让老人都能安度晚年，青壮年都能有所作为，儿童都能得到抚育，孤儿孤老和残疾人都有生活保障。男人有事干，女人有婆家。财物怕的是弃置浪费而不是归自己所有；劳力怕的是不得发挥而不是为自己谋利。因此就不会有人搞阴谋，偷窃、叛乱、害人的事也不会发生，晚上连大门也用不着关闭。这就叫"大同社会"。

这种"天下为公"的"大同"思想，反映了中华民族的祖先对美好社会的向往，它给后世立志于改造社会的志士仁人提供了丰富生动的思想材料。

《礼记》也反映了儒家学派对某些社会科学的理论作过深入的讨论。比如《学记》篇论教育学说："虽有佳肴，弗食，不知其旨也。虽有至道，弗学，不知其善也。是故学然后知不足，教然后知困。知不足，然后能自反也；知困，然后能自强也。故曰：教学相长也。"这段话的大意是：即使有美味佳肴，不去品尝，就不知道它的味道鲜美；即使有最好的方法，不去学习，就不知道它的益处。所以，学习以后就会知道不足，教学以后就会知道困难。知道不足，然后就能反过来要求自己；知道困难，然后就能自强不息。所以说：教与学互相促进。"教学相长"的理论，至今还是教育学上的至理名言。

总之，《礼记》这部书，精华与糟粕并存，神气与腐朽杂陈，需要我们认真研究，取其精华，去其糟粕。

从一般的社会属性来说，"礼"是一种行为规范，也是一种文化形态，它反映着社会精神文明的水准。我国素有"中华礼仪之邦"之称，如果排除儒家的封建宗法观念，代之以新社会的人际关系，爱国爱民、廉洁奉公、敬老尊贤、尊师重教、先人后己等一系列"礼"的合理内涵，正有待我们发扬光大。

儒家经典——《四书五经》

十、"圣文之羽翮，记籍之冠冕"——《春秋》

《春秋》是鲁国的史书，也是世界上最早的一部编年史，它记载着从鲁隐公元年，即东周第一代君主平王四十九年（前722年），到鲁哀公十四年，即周敬王三十九年（前481年），这二百四十二年间鲁国和其他诸侯国以及周王室的重要事件。因此，我国历史上把这个时代叫做"春秋时代"。

编年史是按年月日记事的史书形式。《春秋》这部编年史的记事非常简单，一件事一句话，相当一部大纪年表，所以记述二百四十二年的史事才用了一万六千字左右。

"春秋"这个词相当于今天的"历史"的概念，是当时各国史书的统称。所以《墨子》上有"周之春秋""燕之春秋""宋之春秋""齐之春秋"等说法。"春""秋"是一年四季（古代称"四时"）中两个最重要的时节。春种秋收是一年中的大事，秋收完毕，一年的大事就算了结了。所以古人就用这两个季节的名称代表一年的过程。编年史的书就叫做"春秋"。今本《春秋》是鲁国史书名，因为是本国人记国事，所以只用"春秋"两个字就够了。

鲁国是周武王的弟弟周公旦的封国，但是从周公之子伯禽到鲁国当国君，到隐公的父亲惠公，这十二代国君几百年间的记载全部无存。所以《春秋》是一部不完全的鲁史。尽管如此，它还是给研究我国公元前8至公元前5世纪的历史，提供了丰富的史料。

中国古籍巨著

（一） 《春秋》中的丰富史料

《春秋》不但记述了大量的古代战争、盟会、政变、兵制、刑法、赋税、礼制、宗法、婚丧等人事方面的资料，而且记述了大量的天象、地理、地震、灾害等自然现象的资料。《春秋》的价值就在于此。下面举两个例子："（宣公）十有五年……秋……初税亩。冬，蝝生，饥。"其大意是说：宣公十五年……秋季……开始按田亩数量征税。冬季，出现蝗螟，闹灾害。这条记载说明从宣公十五年（前622年）秋天起，鲁国开始实行按个人占有的田亩数量征税。过去土地的所有权归以周王为首的各级奴隶主，从事农业生产的奴隶式土地的附属品，奴隶主可以连同土地一起作为赏赐或礼品送人。即《诗经·小雅·北山》："普天之下，莫非王土。率土之滨，莫非王臣。"

现在土地所有者向土地使用者按田亩数征税，说明生产关系起了变化，奴隶主和奴隶关系变成了地主和农民的关系。生产关系的变革决定了社会制度的变革。所以，从初税亩这条记载中，我们可以看到当时的中国社会正在从奴隶制向封建制转化。

在自然现象方面，《春秋》记载日蚀36次，根据现代天文学追算，其中有33次都是准确无误的。此外还有许多珍贵的天文记录。如："（庄公）七年……夏，四月，辛卯，夜，恒星不见。夜中，星陨如雨。"说的是在庄公七年夏天四月辛卯日，傍晚，看不见星星。半夜，陨星像下雨一样。据现代天文学推算，这条记载说的是公元前687年3月16日发生的天琴座附近的流星雨。这是世界上最早的流星雨的记录。再如："（文公）十有四年……秋，七月，有

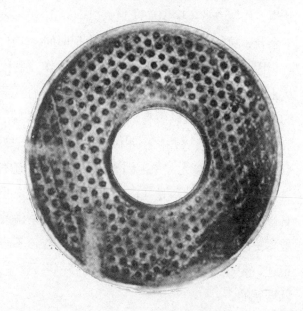

星孛入于北斗。"讲的是文公十四年秋天七月,有彗星进入北斗星座。据推测,这说的是哈雷彗星。"孛"是光芒四射的意思,光芒四射的彗星也叫做"孛"。这是世界上最早的哈雷彗星记录。

《春秋》记事方式是当时列国编年史共同的体制,而且那时列国之间有把本国发生的大事互相通报的习惯。所以同一件事,各国的记载大体相同。

《春秋》本是鲁国的编年史官所记国史,但旧说为孔子所作。《孟子·滕文公下》:"世衰道微,邪说暴行有作,臣弑其君者有之,子弑其父者有之。孔子惧,作《春秋》。"司马迁《史记·十二诸侯年表序》载:"孔子明王道,干七十余君,莫能用;故西观周室,论史记旧闻,兴于鲁而次《春秋》。"

因为这两部权威著作的认定,孔子作《春秋》的说法逐步深入人心。但是从上文所述列国史书的体例、文字相同这件事来看,孔子是不应享有《春秋》的著作权的。唐代以后有许多学者对孔子作《春秋》的说法持怀疑态度。宋代的王安石甚至把《春秋》叫做"烂断朝报"(残缺的政府公告)。但也不能说《春秋》和孔子毫无关系。因为先秦的古籍中还有不少地方提到《春秋》和孔子有关,而且《春秋》是孔门课程之一,如果说孔子当年教学生,用的就是这本官修的编年史抄本,在教学中曾经作过某些编改,或有所取舍,但基本上保留着鲁史原貌,也是合乎常理的。但孔子应该不会对国史大删大改。后人的种种记述,无非来自口耳相传。为了提高《春秋》的权威性,有些夸大其词也是可以理解的。

（二）　《春秋》的各种注本

　　由于《春秋》记事太简单，所以后人作了各种不同的注解本。《汉书·艺文志》著录的《春秋》经文和重要的注本有：《春秋》古经二十篇，经十一卷（公羊、穀梁二家）。《左氏传》三十卷（左丘明，鲁太史）。《公羊传》十一卷（公羊子，齐人）。《穀梁传》十一卷（穀梁子，鲁人）。

　　《春秋》的"经"和"传"本来是各自成书，别本单行的。《左传》亦称《春秋左氏传》或《左氏春秋》。旧传春秋时左丘明所撰，近人认为是战国初年人据各国史料编成。

　　左丘明（前556—前451年），姓左丘，名明(一说姓丘，名明，左乃尊称)，春秋末期鲁国人。左丘明知识渊博，品德高尚，孔子言与其同耻。曰："巧言、令色、足恭，左丘明耻之，丘亦耻之；匿怨而友其人，左丘明耻之，丘亦耻之。"太史司马迁称其为"鲁之君子"。左丘明世代为史官，并与孔子一起"乘如周，观书于周史"，据有鲁国以及其他封侯各国大量的史料，所以依《春秋》著成了中国古代第一部记事详细、议论精辟的编年史《左传》，和现存最早的一部国别史《国语》，成为史家的开山鼻祖。《左传》重记事，《国语》重记言。

　　左丘明是春秋时的史学家，双目失明。春秋时有称为瞽矇的盲史官，记诵、讲述有关古代历史和传说，口耳相传，以补充和丰富文字的记载，左丘明即为瞽矇之一。相传曾著《左氏春秋》，又称《左传》《春秋左氏传》《春秋内传》，与《公羊传》《谷梁传》同为解释《春秋》的三传之一，具有重要的史料价值。但

儒家经典——《四书五经》

从内容看，该书应成于战国中期，可能是作者假托左丘明而作。相传《国语》亦出于左氏之手，记录了不少西周、春秋的重要史事，保存了具有很高价值的原始资料。

左丘明的思想是儒家思想，儒家思想在当时较多地反映了人民的利益和要求。在叙述历史事实时，对于那些历史事件鲜明地表现了他的肯定或批判的态度。他所肯定的是那些符合于他儒家观点的东西。他肯定"君义、臣行、父慈、子孝、兄爱、弟敬"（《左传》隐公三年）一类的伦理道德，他也从那些伦理道德的观点出发肯定了"利民"和"卫社稷"一类对人民有利的东西。他批判了那些破坏伦理道德的所谓"贱妨贵、少陵长、远间亲、新间旧、小加大、淫破义"（《左傅》隐公三年）之类的所谓"逆德"，他也批判了统治阶级的骄奢淫逸的败行。这部书在思想上的进步性和局限性都从这些方面表现出来。

《左传》多用解《春秋》，同《公羊传》《谷梁传》完全用义理解释的有异。其起于鲁隐公元年（前722年），终于鲁悼公四年（前464年），比《春秋》多出十七年，其叙事更至于悼公十四年（前454年）为止。书中保存了大量古代史料，文字优美，记事详明，实为中国古代一部史学和文学名著。本书每与《春秋》合刊，作为《十三经》之一。有西晋杜预的《春秋左氏经传集解》、唐代孔颖达等《春秋左传正义》等。

《公羊传》亦称《春秋公羊传》，是专门阐释《春秋》的。起于鲁隐公元年（前722年），终于鲁哀公十四年（前481年）。旧题战国时公羊高撰。在汉代以前是口耳相传的，汉初才成书。据唐代徐彦《公羊传疏》引戴宏序，说是由景帝时公羊寿和胡母生"著于竹帛"。它是今文经学的重要典籍，着重阐释《春秋》的"大义"，史事记载较简略，历代今文经学家时常用它作为议论政治的工具，是研究战国秦汉间儒家思想的重要资料。

《谷梁传》亦称《春秋谷梁传》，也是专门阐释《春秋》的。起于鲁隐公元年（前722年），终于哀公十四年（前481年）。旧题谷梁赤传。其体裁及流传的方式都与《公羊传》相近。

前人曾经说《左传》传事不传经，《公》《谷》传经不传事。朱熹说：《左传》是史学，《公》《谷》是经学。史学者，记得事却详，于道理上便差；经学者，于义理上有功，然记事多误。

实际上，《春秋》是以史书而加经书之冕，所以"三传"都是讲史，也都是讲经。不过《左传》重在史实，《公》《谷》重在史论。不管史实、史论，对于研究中国的政治史、文化史、学术史、思想史都是很有用的资料。

儒家经典——《四书五经》

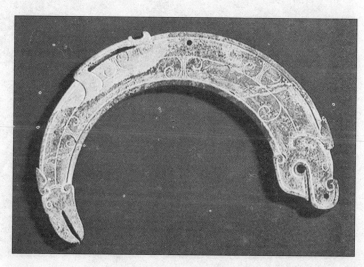